フレッシュ中小企業診断士による

合格・資格活用の

小林 勇治［編著］
Yuji Kobayashi

同友館

はじめに

　中小企業診断士は、取得したいビジネス関連資格のトップになった（2016年1月12日付け日本経済新聞）。中小企業診断士（以下、「診断士」）の資格保有者は2019年4月1日現在で約27,000名と、過去10年間で約4割増加した。この人気の背景には、会社員が抱く将来不安や、自己実現・差別的優位性を確保したい気持ちがあるのかもしれない。今や、過去のように終身雇用の保証はなく、一流企業のパナソニックスやソニーでもリストラが平然と行われる時代になった。

　また、日本は世界有数の長寿国になり、65歳時の余命年齢も、男性19.46歳、女性24.31歳と長い。リンダ・グラットンは、「2007年に日本で生まれた子どもの半分は、107年以上生きることが予想されている。今50歳未満の日本人は、100年以上生きる時代、すなわち100年ライフを過ごすつもりでいたほうがいい」と言っている。政府も100年ライフを前提とした生き方を提唱している。定年後の長い将来に不安を持つ人や、輝かしいビジネスライフを過ごしたいと考えている人が、診断士の資格に興味を持ち、多くの受験者を集めているのかもしれない。

　一方、AIが盛んに導入され、士業にも代替えの危機が来ていると言われている。2017年9月25日付け日本経済新聞によれば、AIによる代替え可能性は行政書士93.1%、税理士92.5%、弁理士92.1%等に対し、診断士は0.2%とされている。これは、診断士に対して、激しく変化する外部環境・内部環境等に即した中小企業支援が求められることを示している。診断士は、AIでも代替えできない有望資格と言えるのである。

　2019年度の1次試験受験者は14,691名で、前年比918名の増加である。受験者が増加したのは、前述した理由からであろうか。また、2019年度に限っ

ては、合格者数4,444名、合格率は30.2%と、やや合格率が高くなった。一方、2次試験は受験者数が5,954名で、合格率は18.3%であった。1次、2次を合わせると5.5%の合格率となる。例年の4%前後からするとやや高めであったが、合格者たちは難関試験にどのようにして合格したのか、また合格後、どのように資格を活かしているのだろうか。

本書は、主に2019年4月に診断士登録を済ませたフレッシュ診断士研究会66名の会員のうち有志24名が中心となって、これから受験する人のために、自身の受験動機や勉強内容とそのポイント、資格活用の秘訣を紹介したものである。

序章では診断士制度の仕組みを解説し、第1章で各会員の受験動機、第2章で1次試験、第3章で2次試験合格のノウハウを紹介している。続く第4章では企業内での資格活用の様子、第5章では資格取得後、独立・転職した会員の体験談を紹介し、第6章ではアンケート調査からフレッシュ診断士の横顔を分析した。

第6章ではさらに、彼らの診断士としての要素整備度から、年収を予測算出している。ただし、これは現在の実力を示したものであって、資格取得後、要素整備度を上げることによって、年収を増加させることは可能である。要素整備が低い人たちには、研鑽を積んで、要素整備度を高め、徐々に年収を増加させることが期待される。資格取得後も知識・経験の研鑽をしていくことが必要であると気づいてほしい。

編著者の小林は、先輩診断士としてフレッシュ診断士の研修と実務開業を支援し、1989年、社団法人中小企業診断協会東京支部中央支会（現・東京都中小企業診断士協会中央支部）の認定研究会として「診断士大学（のちに、フレッシュ診断士研究会に名称変更）」という1年コースの研究会を結成した。29期生までの累計卒業生は1,348名で、東京都中小企業診断士協会会員4,265名（2019年3月31日現在）のうち31.6%がフレッシュ診断士研究会の卒業生

である。皆さんがこの資格を取って協会に参加される日を心からお待ちしたい。

　本書の執筆者は全員この研究会の 30 期生で、まだ診断士としては研鑽中の身であるが、診断士を志す後輩のために真実を伝えようという意欲は高いので、この意向をお汲み取りの上、読んでいただきたい。

2020 年 3 月

編著者　小林勇治

◆ 目　次 ◆

序章

中小企業診断士制度の仕組み

1 資格制度と中小企業診断士 登録までの道のり

（1）中小企業診断士とは

　中小企業診断士（以下、「診断士」）は、経営コンサルタントに関する唯一の国家資格である。その主な業務は、企業の成長戦略策定やその実行のためのアドバイスであり、具体的には、中小企業と行政・金融機関等をつなぐパイプ役から、中小企業施策の適切な活用支援、民間の経営コンサルティングまで、幅広い活動を行っている。

　そのため診断士には、幅広い活動に対応できるような知識や能力が求められており、試験では企業の経営資源（ヒト・モノ・カネ・情報）に関する横断的な知識と助言能力が問われることになる。この試験勉強を通じてさまざまなビジネスシーンで応用できるスキルを身につけられることから、多くのビジネスパーソンに人気の資格である。すでに独立している経営コンサルタントが自らのスキルを高めたり権威づけたりするために資格を取得するケース等もあるが、企業勤めをしながら勉強を開始し、試験合格後も収入源を確保しつつ独立に向けて準備をする、というのが王道のようである（**図表序-1-1**）。

　他の士業と比べて診断士のユニークな点の１つは、独占業務を持たないことである。この事実は、診断士資格取得を目指すにあたり水を差すとよくいわれるようだが、これは、技術革新が進む中で結果的にデメリットとはいえなくなってきている。"はじめに"でも述べたとおり、昨今、AIが士業の機能を代替するようになるといった研究が報告されており、現にいくつかの定型的な手続業務にはその傾向が見られる。一方、診断士の業務に関しては、AIに代替される可能性が他の士業のそれと比べて低いと評価されている。

　代替可能性の高い定型的な手続業務（独占業務）で一定の報酬を得るのと違

図表序-1-1　診断士　独立開業までの王道

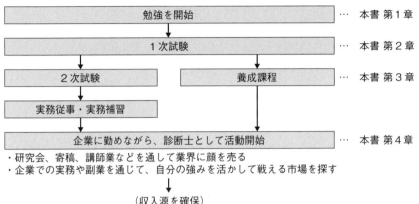

・研究会、寄稿、講師業などを通して業界に顔を売る
・企業での実務や副業を通じて、自分の強みを活かして戦える市場を探す

・取引先との顧問契約
・ビジネス書出版

い、知恵を活かしてクライアントや他の士業等と協調し、ゼロから価値を生み出していく姿勢こそが診断士の本質だということである。これはあらゆるビジネスパーソンにとって、差別化の根拠たりうるだろう。

（2）診断士登録までの道のり

さて、診断士になるためには、まず誰もが例外なく1次試験に合格しなくてはならない。その後、2次試験に合格したうえで合計15日間の実務補習または実務従事を行うか、養成機関が実施する養成課程を修了するかのいずれかを経ることで、診断士に登録することができる（**図表序-1-2**）。

①1次試験

1次試験は、「中小企業診断士になるのに必要な"学識"を有しているかどうかを判定する」ことを目的として、企業経営に関する7科目（配点は各100点、合計700点）、について、択一方式のマークシートで実施される。

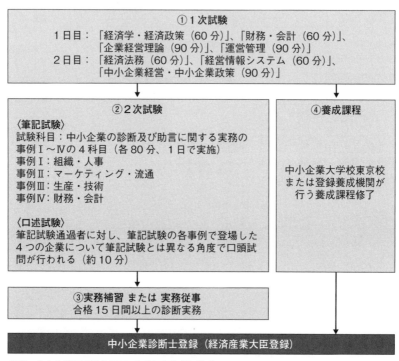

図表序-1-2　診断士試験制度の全体像

① 1次試験

1日目：「経済学・経済政策（60分）」、「財務・会計（60分）」、
　　　　「企業経営理論（90分）」、「運営管理（90分）」
2日目：「経済法務（60分）」、「経営情報システム（60分）」、
　　　　「中小企業経営・中小企業政策（90分）」

② 2次試験

〈筆記試験〉
試験科目：中小企業の診断及び助言に関する実務の
事例Ⅰ〜Ⅳの4科目（各80分、1日で実施）
事例Ⅰ：組織・人事
事例Ⅱ：マーケティング・流通
事例Ⅲ：生産・技術
事例Ⅳ：財務・会計

〈口述試験〉
筆記試験通過者に対し、筆記試験の各事例で登場した
4つの企業について筆記試験とは異なる角度で口頭試
問が行われる（約10分）

④養成課程

中小企業大学校東京校
または登録養成機関が
行う養成課程修了

③実務補習 または 実務従事
合格15日間以上の診断実務

中小企業診断士登録（経済産業大臣登録）

出典：中小企業診断協会Webサイトを参考に作成

　合格基準は、「総点数の60%以上」かつ「1科目でも満点の40%未満のないこと」である。

　また、1次試験には科目免除制度が存在している（**図表序-1-3**）。過年度に当該科目で「総点数の60%以上」を取るか、当該科目に関連する資格等を有していれば、その科目の受験を免れることが可能である（たとえば、「財務・会計」は、公認会計士や税理士等の資格を保有していれば受験が免除される）。

　1次試験だけでも膨大な知識量を要求され、また試験制度も複雑なため、科目免除制度の活用を含めた試験攻略の戦略は人それぞれである。詳細については、本書第2章の各節をご一読いただきたい。

図表序-1-3　1次試験　科目免除制度の詳細

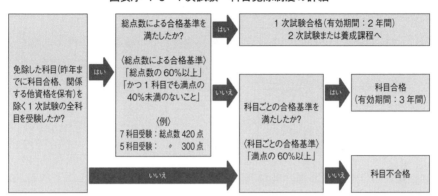

出典：中小企業診断協会 Web サイトを参考に作成

　なお、1次試験は例年8月上旬の土日2日間で実施されるが、2020年度に限り、東京オリンピック開催に伴い試験会場への移動や宿泊先の確保に影響が出ることから、7月中旬の土日2日間で実施される予定のため、注意が必要である。

②2次試験

　2次試験は、「中小企業診断士となるのに必要な"応用能力"を有するかどうかを判定する」ことを目的として、毎年10月下旬に実施される筆記試験（4科目、配点は各100点、合計400点）と、12月中旬に実施される口述試験（筆記試験通過者が対象）で構成される。

　筆記試験の合格基準は1次試験と同様、「総点数の60%以上」かつ「1科目でも満点の40%未満のないこと」である。ちなみに、筆記試験には1次試験のような科目免除制度は存在せず、必ず一度に4科目を受験し、上記の合格基準を満たす必要がある。

　なお、1次試験合格年度に2次試験に不合格となった場合でも、翌年度に限り1次試験を経ずに2次試験を受験することができる。

　試験の目的に"応用能力"を謳うだけあり、2次試験は1次試験以上に受験生の地力が問われる。特に筆記試験は、問題文で要求されている内容、事例企業の

経営資源や問題・課題等を、1次試験で学んだ"学識"を念頭に置きながら正確に読み取る能力が必要になる。

1次試験合格後、一気に2次試験にも合格する、いわゆるストレート合格を目指すためには、1次試験の学習段階から2次試験の仕組みを意識して取り組む等、極めて効率的な学習が必要になる。本書第3章の各節でさまざまな試験研究のアプローチを紹介しているので、参考にしていただきたい。

③実務補習・実務従事

2次試験合格後3年以内に、実務補習や実務従事のいずれか、もしくは組み合わせにより、合計15日間、実際の企業診断の実務を経験することによって、晴れて診断士に登録することができる。

a. 実務補習

実務補習は、中小企業診断協会等の登録実務補習機関が2次試験合格者に対し有償で実務の機会を提供するものである。

具体的には、1グループを受講者6名以内で編成し、先輩診断士である指導員のもと、実際に企業に対して経営診断・助言を行う。1企業当たり5日間の実習を3セット行う形式で、現場診断・調査、資料分析、診断報告書の作成、

図表序-1-4　実務補習の典型的なスケジュール

日程	内容
1日目	班内の分担、診断先訪問・調査、資料分析、経営課題の抽出など
2日目	資料分析、経営課題の抽出、診断の方向性を決定
（自主学習期間）	指導員・受講者間でメールにて連携しつつ、分担ごとに診断報告書の作成作業
3日目	自主学習期間に作成した診断報告書を統合・調整、診断報告書完成
4日目	
5日目	診断先への報告会、協会への診断報告書・実施報告書提出、受講者へ修了証書交付

出典：中小企業診断士実務補習テキスト等を参考に作成

報告会を行う（**図表序-1-4**）。

b. 実務従事

　実務従事は、まさに現役診断士が行っているような中小企業への診断・助言業務と同等の業務を行うことである。たとえば、既にコンサルティング会社に勤務しており日常的に企業診断に携わっている場合や、先輩診断士や営利団体等から診断・助言業務の紹介・斡旋を受ける場合等が該当する。

④養成課程

　1次試験合格者が、2次試験・実務補習・実務従事を経る代わりに、中小企業大学校東京校や民間研修機関等が開設している養成課程を修了することで、診断士の登録要件を満たすこともできる。

　図表序-1-5 は、養成課程を開設している団体の一覧である。全日制の6ヵ月コース、平日夜間と土日による1年コース、土日が中心の2年コース、MBA

図表序-1-5　養成課程・登録養成課程実施機関一覧（2019 年 11 月 1 日時点）

養成課程実施機関	
中小企業大学校東京校	https://www.smrj.go.jp/institute/tokyo/index.html
登録養成課程実施機関	
法政大学	http://www.im.i.hosei.ac.jp/
日本生産性本部	http://consul.jpc-net.jp/mc/kouza/shindanshi/index.html
株式会社日本マンパワー	http://www.nipponmanpower.co.jp/
栗本学園（名古屋商科大学）	http://mba.nucba.ac.jp/
中部産業連盟	http://www.chusanren.or.jp/
東海学園	http://www.tokaigakuen-u.ac.jp/index.html
東洋大学	https://www.toyo.ac.jp/ja-JP/academics/gs/mba/finance/
千葉学園（千葉商科大学）	https://www.cuc.ac.jp/dpt_grad_sch/graduate_sch/master_prog/smec/index.html
兵庫県立大学	http://www.u-hyogo.ac.jp/mba
城西大学	http://www.jiu.ac.jp/graduate/detail/id=919
福岡県中小企業診断士協会	https://smec-yousei.jp/
札幌商工会議所	https://shindanshi-yousei.jp/
日本工業大学	https://mot.nit.ac.jp/katei/
大阪経済大学	http://www.osaka-ue.ac.jp/life/chushoukigyoushindanshi/

出典：中小企業庁ウェブサイト

（経営学修士）を同時取得できるコース等、団体によってさまざまなカリキュラムが存在し、自身のニーズに合う団体を選択することになる。一方、団体によって選考方法に違いがあること、いずれの団体も学費が高額（概ね200万円前後）なことには注意すべきである。

　本書第3章において、1名の診断士が養成課程を修了して診断士登録を行った体験談を寄せている。養成課程は費用の面から修了者が多くない中、貴重な寄稿である。養成課程の選択を検討されている方は、ぜひ一度目を通していただきたい。

（3）資格更新

　診断士登録の有効期限は5年間となっている。いわゆるペーパー診断士をなくすための施策であり、更新のためには「専門知識補充要件」および「実務従事要件」の2つを満たす必要がある。

①専門知識補充要件

　専門知識補充要件とは、「理論政策更新研修（新しい中小企業政策、最近の診断に関する理論およびその応用についてのテーマによる研修）の受講」、「理論政策更新研修の内容に基づく論文審査に合格」等のうち、いずれかを5年間で5回以上行うことである。多くの診断士は、中小企業診断協会や民間研修機関が実施している理論政策更新研修を受講している。

②実務従事要件

　実務従事要件とは、その名の通り、診断・助言業務に5年間で合計30日以上従事することである。更新要件のうち、とりわけこの実務従事要件を満たすことをハードルに感じる受験生や企業内診断士（コンサルティング会社勤務を除く）は多いが、中小企業診断協会が斡旋する実務従事や、同協会に設置されている研究会活動への参加等を通じて要件を満たしていくことになる。

2　中小企業診断士の実像

（1）診断士の職業～独立診断士と企業内診断士～

　図表序-2-1 は、中小企業診断協会によるアンケート調査「データでみる中小企業診断士（2016 年版）」にて、診断士の職業を調査した結果である（回答者数 1,992 名）。やや古いデータだが、独立診断士が半数弱、企業等団体に勤務する企業内診断士が半数強と、やや企業内診断士の方が多い状況にある。

　しかしながら、近年の副業解禁の動きが容認・加速されていくにつれ、独立診断士と企業内診断士という切り分け・境界線が徐々に曖昧になっていく可能性も考えられる。

　本書第 4 章では、さまざまな活動に取り組む企業内診断士の事例を紹介している。事情により独立が困難であるとか、企業内での診断士資格活用を検討している方々の参考になれば幸いである。

図表序-2-1　診断士の職業

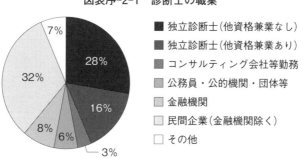

- 独立診断士（他資格兼業なし）
- 独立診断士（他資格兼業あり）
- コンサルティング会社等勤務
- 公務員・公的機関・団体等
- 金融機関
- 民間企業（金融機関除く）
- その他

出典：中小企業診断協会「データでみる中小企業診断士（2016 年版）」より作成

（2）診断士の仕事

　診断士の仕事は、一般に「支援する・話す・書く」の3類型に分類される。いずれも、試験学習で得た知識だけでは足りず、コミュニケーションスキルがものをいう仕事である。

　本書第5章では、実務の最前線で活躍する独立診断士の体験談が紹介されている。受験生の方々には、診断士として独立したつもりで体験談に没入していただき、成功イメージを胸に学習のモチベーションを高めていただきたい。

①支援する：コンサルティング業務

　中小企業診断協会によるアンケート調査「データでみる中小企業診断士（2016年版）」によると、過去3年間で実施したコンサルティングテーマの第1位として「経営革新・経営改善支援」が32.7%を占めており、以下「販路拡大、販促支援」10.4%、「事業再生、再チャレンジ支援」9.8%が続いている（回答個数1,189個）。ここから、経営全般にかかる戦略的課題克服の企業ニーズが強いことがうかがえる。

　第1位のテーマに関連して、「経営革新計画」の策定支援を行う診断士は多い。経営革新計画とは、中小企業が「新事業活動」に取り組み、「経営の相当程度の向上」を図ることを目的に策定する中期的な経営計画書であるが、国や都道府県に計画が承認されるとさまざまな支援策（政府系金融機関による低金利融資、都道府県による助成金等）の対象となる。

②話す：講師業

　人に何かを教えるという意味では、上記のコンサルティング業務の亜種ともいえる。受験生にとって最も身近なのは受験予備校の講師だろうが、他にも、全国の商工会・商工会議所で開催される経営者向けセミナー、企業研修講師等が挙げられる。

　近年のトレンドとしては、中小企業経営者の高齢化が社会問題化しており、事業承継に関するセミナーが各地で開催されている。ここに照準を当て、企業法務に明るい弁護士や相続関係に強い税理士等、他の士業とチームアップしてセミ

診断士に関連の深い機関誌やビジネス誌の例

ナーを開催する事例もある。

③書く：執筆業

　執筆というといわゆる単行本をイメージしがちだが、未経験の状態からいきなり単行本を出版するのではなく、業界団体の機関誌やビジネス誌・専門誌への寄稿から入ることが多い。こうして寄稿の経験を積み重ね、出版社や編集者の信頼を獲得しつつ文章力を鍛えてから、ゆくゆくは自身の得意なテーマで単行本を執筆することになるだろう。その単行本の出版においても、まずは複数名での共著から入ることが多い。

（3）診断士の報酬

　さて、こうした仕事に取り組むことで、診断士がどれほどの売上高（または年収）を獲得しているかを示すデータがある。

　図表序-2-2は、コンサルティング業務全体（講演や執筆も含む）の活動日数が100日以上の診断士の年間売上高を調査したものである（回答者数552名）。

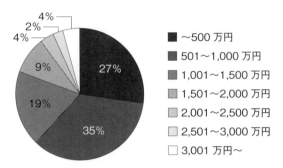

図表序-2-2　コンサルティング業務の年間売上

凡例:
- ～500 万円
- 501～1,000 万円
- 1,001～1,500 万円
- 1,501～2,000 万円
- 2,001～2,500 万円
- 2,501～3,000 万円
- 3,001 万円～

出典：中小企業診断協会「データでみる中小企業診断士（2016 年版）」より作成

最も構成割合が大きいのは「501～1,000 万円（35%）」であり、以下「500 万円以内（27%）」、「1,001～1,500 万円（19%）」と続く。少数だが 3,000 万円超の売上高を上げている診断士もおり、大口の顧問先を確保できているものと推察される。

（4）中小企業診断協会・都道府県別協会

　一般社団法人中小企業診断協会（以下、「診断協会」）とは、全国の診断士を統括する業界団体で、診断士試験の指定試験機関、実務補習の登録実務補習機関および理論政策更新研修機関でもある。

　診断士の登録は経済産業大臣が行うもので、その際に診断協会に入会することは義務づけられておらず、また診断協会自体の設立根拠規定もない。これは他の士業と比べて珍しい点だが、実際には多くの診断士が診断協会に加え、都道府県別の地方協会（例：一般社団法人東京都中小企業診断士協会）を居住地や活動範囲に応じて選択、入会（複数可）している。都道府県別の地方協会では、実務従事の斡旋の他、専門分野別の研究会、プロコン塾・マスターコース（先輩診断士がコンサルティングスキルやマインドを提供する学習会）等が開催されており、世間動向のキャッチアップ、人脈構築等の面から診断士にとって非常に重要な場として機能している。

　診断士がどのような仕事に取り組み生計を立てているかについては前述したが、コンサルティング業務の顧客を得るにも、講演や執筆の機会を得るにも、先輩診断士たちの紹介なくしてはなかなか困難である。そこで多くの新米診断士は、研究会等で顔を売り、先輩診断士の手伝いをしながら、まずは国や地方自治体の予算で実施される「公共診断」をこなしていく。そこから地域の商工会や金融機関等に独自の人脈を築いていくのがセオリーである。

第1章

私はこうして
診断士を目指した

1 先輩診断士に憧れて 診断士を目指した

　皆さんは、なぜ中小企業診断士を目指しているのだろうか。または、診断士資格を取ったのだろうか。

　私は、1人の中小企業診断士という資格を持った神さまのようなコンサルタントと出会い、あまりのギャップに中小企業診断士を目指すのは無理、このような神業を繰り出す職業にはぜったいにたどり着けない。そう思って、10年以上も中小企業診断士という資格・職業から逃げ続けてきた。

　しかし、今では中小企業診断士という資格を活かし、経営コンサルタントという職業をやっていこうという意志に満ち溢れている。

　なぜ、診断士を目指したか、私にとって診断士という資格・職業はどういうものなのかをここに記したいと思う。少しでも読者が合格できるよう、また資格活用ができるように、または目指すきっかけになれば幸いである。

（1）中小企業診断士の紳士さと知識量に驚愕させられる

　今から16年前の2004年、私自身はコンサルタントとは無縁で、製造業の情報システム部に勤める、どこにでもいるサラリーマンであった。

　ある日、会社のシステムを一新するためにコンサルタントを会社の上層部が招聘した。平社員の私は上司に、そのコンサルタントがとても面白いから、打合せに参加するよう言われ、そこで出会ったのが中小企業診断士という資格を持った方であった。

　とはいえ、まずその資格の名前すら知らない。そして、コンサルタントという仕事が何をしてくれるのかもわからない。上司が言うならば仕方がないので、半信半疑、面白半分でその打合せに出てみたのが診断士との接点の始まりである。

　その中小企業診断士の方は、当時30歳の私からみたらオジサンで、しかし、スーツを着こなし、ポケットから見えるハンカチーフが妙にオシャレで、どう見ても年下な私に対しても、話す口調はとても丁寧で、紳士的な印象であった。さらに、業務に関して、ITに関して、業界に関して、妙に詳しいどころか、知らないことはないのでないかと思うくらいの知識量で驚いた。ますます、そのコンサルタント（診断士）が気になって仕方なくなったのを今でも鮮明に覚えている。

　そんな時、私は繁忙期に入った社内の商品受発注業務を手伝うことになり、一時的に情報システム部からもその診断士からも、離れることになった。一通り商品受発注の業務を見た私は、ITは少し得意であったため、どうしてそんな効率の悪いことをしているのか、煩雑な作業をITでもっとシンプルにできないものかとよく考えていた。

　しかし、自分は情報システム部の人間であり、商品受発注のやり方はその部門の上司のこだわりがあるのだろうと思い、今まで通りの流れに沿って、言われるがまま人海戦術的な作業をしていた。

（2）中小企業診断士が目の前でリアルタイムに繰り広げる技法に茫然

　幸い、前述したコンサルタントとの打合せの場にまた呼ばれることになり、その診断士に商品受発注業務の現状を相談してみた。そのときの衝撃が、今でも忘れられず、診断士を目指すきっかけになったことは間違いない。

　コンサルタントは私の話を聞くと、方眼紙を広げて、私が話した業務のフロー図を書き始めた。誰が、いつ、何を、どのように扱っているかを、丁寧に業務フローに落としていく。一通り書き終えて、今度はもう1枚方眼紙を出し、何やら新しい業務フローを書き始めるのである。

　見てみると、未来予想図といったらよいのか、こうあるべき、という業務フローが書かれているのである。ITに関しては少し人より詳しいだろうと思っていた自分だが、今、悩みを話し終えたばかりにもかかわらず、未来の理想の業務

フローが、そこに書かれているのである。それには、30分かかっていたであろうか。

　後に学んでわかったことだが、そのコンサルタントは、リアルタイムに悩みを聞き、As-Is、To-Beモデルをその場で書き切ったのである。どう考えても、現場にいる私の方が現場を把握しているし、その改善点も頭の中には入っているはずである。にもかかわらず、その話を聞いたばかりで、この中小企業診断士というコンサルタントは、改善後の業務フローをその場で書き切ったのである。

　これには私は驚愕であったが、上司も「おまえにこれを見せたかったんだよ。すごいだろう。診断士すごいだろう！」と言うのだ。正直、感動を通り越して茫然とした。その診断士こそ、本書の編著者である小林勇治先生である。

（3）中小企業診断士の驚くべき効果

　それも驚きだが、もっと驚くべきことが続く。皆さんが、経営コンサルタントになったら、こういうことが言えるだろうか。悩みを聞き、その場で改善後の業務フローを書いた直後である。

　「取引先に、当日の注文は15時で終わりというルールを伝えなさい」

　皆さんは、上席な取引先、つまり顧客、お客さまに対して「今日の注文はもう終了だよ」と言えるだろうか。今までは、「当日注文いただければ、何時でも対応します」というスタンスだったにもかかわらずである。

　そもそも、まず業務が煩雑なのは自分たちが悪いと思うはずである。自分たちの業務プロセスのどこかが悪いと思い、どこが改善できるかと考えるはずである。それを、小林先生は「顧客との取引ルールを見直しなさい」と言うのである。私も「そんなことを言ったら、お客から怒られますよ」と思いつつも、言ってみたらどうなるだろうと考えていた。翌日から、15時以降の注文は、「急ぎ！」とか「緊急！」といった顧客からのFAXに書かれている要望を受け入れず、15時以降は翌日注文とみなし、作業を進めてみた。

　今までは、注文がきたら即対応、何時であれその日に注文がきたら、当日対応

をしてきた。しかし、新たな業務フローで15時以降の注文を受けつけなくなったわが社は、どうなったであろうか。

　結果は、ノークレームであった。顧客からの反応は、まったくなかった。自社のルールどころか、顧客も巻き込んだルール変更を指示する中小企業診断士とはいったいどういう資格なのか。興味を持たないわけがないのである。

（4）中小企業診断士は神さまだと思うようになる

　15時の受注締め切りと新しい業務フローを実行したところ、何と9時出社、17時退社が可能になった。それまでは毎日終電で帰っていたにもかかわらず、2ヵ月でこうも改善されるのか。本当に驚愕であった。

　小林先生にそのことを報告した。私は現状の業務を相談しただけであったが、どのようにして改善後の新しい業務フローを思いついたのかを尋ねたのである。

　小林先生は冷静にこう言った。「では、過去の業務フローと、新しくなった業務フローで、いかに費用対効果が出たか、計算してみよう」と。

　費用対効果という言葉に、まず馴染みがない。それ以上に、何を計算するのか、費用対効果という言葉に興味が湧く。人件費として考えれば、毎日作業者3名は終電帰りだったのが17時に帰れるようになっており、残業代がなくなっただけでも会社にはかなり貢献できているはずである。

　しかし、小林先生は人件費だけではなく、商品の受発注業務に関して一つずつ分析をし始めたのである。電話を受ける、受注用紙に発送日を調べて記入する、到着日を客先に回答する、業務の一挙手一投足を一覧表にしていく。そして、今までの業務にいくらかかっていたのか、業務が変更された後、無駄だった業務がどれほど減ったのかを算出するのである。

　皆さんは、今まで業務改善をしてきて、年間いくら経費を削減したことがあるだろうか。そもそも、計算したことがあるだろうか。

　あらためて、費用対効果表で改善された業務が年間いくらになったかの差額を計算したところ、何と数千万円近く経費が削減されていることが判明したのであ

る。どれだけの時間が節約されたか、どれくらい業務が楽になったのかと業務の細部まで計算していったところ、数千万円分の効果をあげていたのである。

悩みを聞いて、その日のうちに新しい業務フローをつくり、2ヵ月後に年間数千万もの費用対効果を算出できるまで業務改善ができる。いったい、中小企業診断士とは何者か。このとき、私にとって診断士は神さまになるのである。

（5）中小企業診断士のような神にはなれないと考え、10年逃げ回る

それから「中小企業診断士は何て素晴らしい職業だ」と思うようになった。その反面、私にはぜったいに無理、このような神業はよほど頭の良い人にしかできないと考え込み、逃げ回ることになる。

当時、小林先生から「あなたも、コンサルタントになりなさい」と言われてうれしかったが、このような神業をどうしたら習得できるのか見当もつかなかった。あまりに衝撃的な診断士との出会いだったため、このような人にはなれない、診断士を目指すのは無理と思う日々が10年以上続いたのであった。当時は、このような診断士にはどうしたらなれるのかなどと考えることは、おこがましいと思っていた。

それでも、日が経つにつれて、診断士に近づくにはどうすれば良いかとは思うようになってきた。診断士になりたいではなく、診断士のしっぽくらいはつかめないかと考えていたのである。そこから10年間は、とにかく学べるものはすべて吸収しようと取り組んできた。IT企業のシステムエンジニア兼IT営業に携わるようになってから、小林先生の技法を真似て、費用対効果の出るIT導入を顧客に提案し、推進、実行をお手伝いしてきた。情報処理技術者試験や簿記、法務にもチャレンジし、著名な経営者が記した書籍も多数読み込んだ。小林先生のお誘いにより、診断士が集まる勉強会にも参加するようになった。

しかし、まだ診断士になろうとまでは思えなかった。診断士が30名ほど集まる勉強会では、資格を持っていないのは私だけであった。ある診断士からは「すぐにでも診断士試験にチャレンジしてみるべきでは」とすすめられたが、それで

も、やはり心の中では「無理、無理」と思っていたのである。

（6）もう逃げるのはやめた！　真似るのではなく、自分らしい診断士を目指す

　2015年、とある事情で起業をすることになり、ついに自らが中小企業の経営者になった。激務を経て、売上が順調に立ち始めた頃、ランチがてらにビールを昼間から飲みふけっていたのである。

　ここで、あまりに怠けている自分に気づく。このままでいいのか、診断士に憧れているだけでいいのか、私は会社の社長になりたかったのか…違う。

　私には小林先生のような神業はできないかもしれないが、あの技法をもっと世の中に広めるべきではないか。診断士になって、私が受けたあの感動を、私だけではなく他の企業の方々に感じていただけるように努力をするべきではないか。神になる必要はなく、自分らしい診断士になればいいのではないか。そう思えたとき、私の診断士への本当の道がスタートしたのであった。

2　老舗家業のバトンを受け渡すために

（1）中小企業診断士を志した理由

①私の原点「実家の経営を次世代に受け渡したい」

　私は玩具店を経営している家に生まれた。戦前は旅館業を営んでいたが、戦争で焼け野原になった後は、祖父母がさまざまな苦労を重ねながら玩具販売の小売業へと業態変換し、現在に至っている。祖父が社長で、次期経営者は父、その次は弟が事業を継承する予定である。

　診断士を志した原点は、実家の経営を支援したいという強い想いがあったためである。祖父母を中心としたファミリーが、さまざまなイベントごとに集まり絆を強めている。子供の頃は当たり前だと思っていたファミリーの親密さは、大人になって周囲を見回したとき、むしろ稀有であると知った。この礎を築いてくれた祖父母への感謝の気持ちが、このつながりを絶やしたくないという想いにつながっている。つまり、経営のバトンを次世代にしっかり受け渡したいと考えるに至ったのである。

②老舗は街の魅力を上げる重要な存在

　私が生まれ育った街は、下町である。経営を長く続けている店、いわゆる老舗があちこちに立ち並んでいる。どの店も個性があり、老舗経営者たちはそれぞれの看板商品に誇りを持っている。

　幼い頃より私は、地元の老舗経営者の方たちとお話する機会が定期的にあった。集まる場所は地元の老舗飲食店が定番で、老舗食品製造小売業の経営者は自社商品を手土産に配っており、私はお土産を楽しみにしていた。クリスマス時期の会合では、実家の玩具をお土産とし、皆に喜ばれていた。

　このように、物心がつく前から老舗企業の存在が身近にあった。街に老舗企業

が存在し、それぞれの看板商品を掲げて販売することで、地域の内外から商品の魅力に吸い寄せられるかの如くお客さまが来街し、街に活気をもたらしている。近年では、海外からの訪日観光客の来訪も多く、各店あわただしく英語表記などの対応を進めている。

　一方で、気づけば姿を消してしまった老舗店舗も存在する。地域の老舗は、土地も建物も自社で所有するオーナー経営者が経営を担っていることが多い。環境変化への対応が遅れ、店の経営が立ち行かなくなったために閉店し、他社に賃貸するように業態変換したケースも存在する。

　老舗は、来街者にとって来訪目的の重要な要素の1つだと考えている。つまり、老舗は街のシンボル的な存在で、街の魅力を高める要素を担っているのである。そんな老舗が、ひっそりと消えてしまうのは寂しいと思い、経営を支援することで魅力を高め、老舗の存在する街や店舗を活性化したいと考えるようになったのである。

③診断士の勉強を始めた経緯

　経営を支援するためには、家業に入り込むだけでは足りないと感じた。そこで、大学卒業後は家業ではなく一般企業に入社して社会勉強をすることに加え、ビジネススキルを上げるための学習をすることにした。

　手始めに学習したのは、簿記である。当時の上司から、ビジネススキルの基本は簿記にあると教えていただいたためである。文学部出身の私は、知識が不足していたため、受験予備校に通い簿記3級、2級を取得した。

　簿記2級取得後、受験予備校で経営を学びたい旨を伝えたところ、中小企業診断士という資格を紹介してもらった。ここで診断士資格を初めて知った。私は、体系的な知識としてさまざまな業種・業態の企業経営を学び、中小企業の実態に応じた対策ができる診断士が、最適な資格だと感じた。

　ただし、診断士資格の取得には、簿記以上に経済的にも時間的にもある程度の覚悟が必要だと言われた。私は、難関であるのは好都合だと思った。難関資格取得で、家業に関わる方々に自身の経営に対するやる気を示すことができると考え

たためである。

　将来、経営に参画した際、この資格を通じて知識・ノウハウを獲得していることが役に立つと思った。さらに、自信を持つことにもつながると感じたため、資格取得を目指したのである。

（2）実際に診断士資格取得を果たして学んだこと

①現状維持ではなく、成長・発展

　実際に診断士資格を取得した私は、経営のバトンを次世代に受け渡す際、より成長させた形でバトンを渡す必要があると考えるようになった。言いかえると、企業を成長させるためには、自ら成長・発展を追い求める経営努力が必要なのだと学んだ。一方で、経営者は日々の業務に追われ、将来的に企業を成長・発展させるための積極的な時間は取りにくいのが実態であることも知った。

　また、次世代に経営のバトンをつなぐ、つまり企業の永続的発展のためには、目の前の経営を日々着実に行うことに加えて、将来を見据え、投資を含めた経営の舵取りも同時並行で行う必要がある。

　未来志向で経営の舵取りをするためには、経営者自身が現状を認識した上で将来ビジョンを描く必要がある。そのためには、自社の強みを認識しておくことが不可欠である。現在まで存続できた企業には、顧客に選ばれ続けた自社の強みがあるはずである。

　このような考えは、経営を体系的に学んだからこそ持てた視点である。目の前の経営で精一杯になりがちな経営者に対し、第三者の客観的な視点で支援する、診断士の存在が役に立つのである。

②経営者の「想い」に寄り添うことの大切さ

　診断士の資格取得、ならびに資格取得後に関わってきた企業経営者との対話を通じて学んだのは、経営者の想いを大切にすることである。中小企業は、とかく経営リソースが少なく、「できないこと」や「劣っていること」に目が向きがちである。しかしながら、中小企業の経営者も将来に対する熱い想いを持ってい

る。だからこそ、診断士が経営者に対して「できること」や「優れていること」を客観的に示すことで、経営者を勇気づけられるのだと学んだ。この学びを活かして経営者と向き合うと、大変喜んでいただけることが多く、今後もこの視点は忘れずにいたいと考えている。

③強みを活かしてあるべき姿へ

　企業が成長・発展するためには、強みを活かすことが有効である。そのためには、強みの把握が欠かせない。そこで、強みの見える化に活用できるツールの1つに、「経営デザインシート」がある。これは内閣府の知的財産戦略推進事務局が2018年5月にリリースしたものである。

　私の家業の玩具店は小売店であり、商品を仕入れて、マージンを乗せて販売するビジネスモデルである。今後もお客さまから選ばれる企業であり続けるために、顧客ニーズに合う店づくりの探求は欠かせない。

　図表1-2-1は、家業を例に経営デザインシートを作成したものである。シートを作成するメリットは、①現在の強みを明文化でき、社内外の関係者と共有することで、社内においては一体感が高まり、社外においては当社の信頼・信用性が高まること、②将来ビジョンを明文化することで、その実現に必要な要素を洗い出すことができ、実現性を高めることができること、③書き出した内容をもとに、紹介リーフレットやホームページに掲載することで当社のPRができることなどが挙げられる。経営革新計画の作成が必要となった場合には、書き出した内容がそのまま活用できる。

　今回作成したシートは、現経営陣や従業員にヒアリングした内容ではなく、仮説として作成したものであり、かつ検討事項をイメージとして伝えるための簡略版である。今後、私が家業の経営支援を行う際、このシートをブラッシュアップし、老舗玩具店のさらなる成長・発展に貢献していきたい。まずは、将来の経営を担う兄弟と議論するところから始めたいと考えている。

図表 1-2-1　家業をテーマにした経営デザインシート（仮説）

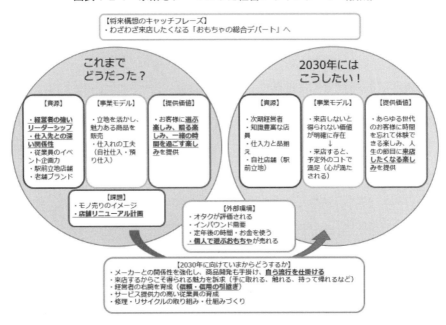

（3）老舗企業の継承を支援する

①自分自身の変化

　私は、診断士の資格取得に約7年を要した。それほど診断士の資格に魅力を感じたのである。簿記の学習から始めたのだが、振り返ってみると多くの時間を費やしたのだと感じた。時間だけでなく、費用面でも多く投資してきた。診断士取得までに要した費用は、合計で少なくとも400万円以上である。内訳は、簿記の講座、診断士講座（ダブルスクール）、診断士養成課程などである。

　このように時間もお金も要したが、私はこの道を選んで良かったと思っている。資格取得までの過程で得られたものが私にとっては大きいためである。

　たとえば、尊敬する恩師との出会いである。学習内容の指導だけでなく、診断士としての経験や哲学を熱く語ってくださった。恩師からは、経営者に寄り添

い、励まし、勇気づけることが診断士の役割だと学んだ。

　また、勉強仲間たちの存在も大きい。苦戦した2次試験への挑戦の過程で、ともに悩み、将来の夢を語り合った。それぞれの道を選択し、今でもお互いの存在が自身の成長に寄与していると感じている。

　養成課程の教授や仲間たちも然りである。幅広い年齢、業種・業界に在籍している彼らとの濃密な2年間は、私自身の行く末を定める一助となった。

　診断士の資格を取得した今では、これから取得を目指す知人や実際にプロとして活躍する先生方と接点を持てるようになった。これらは、自分にとって大きな宝である。尊敬する人々との出会いが、自分を成長させてくれたと感じている。

　診断士資格を取得する過程で接点を持った仲間たちとの関係性は、今後の診断士としての歩みの中でも、引き続き大事にしていきたい。

②今後について

　仕事面では、資格取得後、新しい業務を担当することになった。これまでは、営業関係の業務や秘書業務などを担当してきたが、かねてより希望していたマーケティングを担当できることになった。担当業務の中でも、診断士の勉強で学んだことを活かし、結果として昇格も果たすことができた。今後も、診断士資格を活かして、新たな道を拓いていきたい。

　診断士の実務としては、東京都中小企業診断士協会の所属支部における勉強会や各種集まりへの参加などを通じて、経営者へのインタビュー記事の執筆や商店街支援、実務補習の副指導員などのお手伝いをさせていただいているが、日々勉強である。支援先のお役に立つにはどうしたらいいかを探求し、そのために自分自身が最善を尽くすことを心がけている。今後は、さらに活躍の場を広げていきたいと考えている。

　こういった日々の活動を積み重ねて、老舗に生まれた自分だからこそできる支援をしていきたい。つまり、経営側の視点（中小企業の内側の視点）と中小企業診断士としての視点（中小企業の外側の視点）、両方の視点を持った私ならではの支援ができるよう自分を磨き上げていきたい。

3　中小企業診断士は憧れの仕事

　大企業にお勤めの方からみると、「中小企業」が頭についた資格は、「自分には関係ないよ」と思われるかもしれない。実は私もそうだった。そんな私が、なぜこの資格を目指し、合格してからますます中小企業診断士を憧れの仕事と思うようになったのか。

（1）経営コンサルタントという仕事との出合い

①27歳で突然コンサルタントになる

　大学卒業後、大手の銀行に就職。入行4年目、27歳の秋、銀行の経営研究部を母体に設立された戦略系経営コンサルティング会社に出向になった。コンサルタントが60余名いる会社だった。コンサルタント2～3名が、お客さまの会社に10週間完全専従でお邪魔し、先方からもその間専従の社内メンバーをご選任いただいて、10名くらいでプロジェクトチームを編成し徹底した協同作業を行うというスタイルだった。調査、分析、改善案立案、実施可能なプランづくりまで一体になって行った。出向当初は、冷や汗をかきながら必死で勉強して、その日その日を何とか切り抜けていくのが精一杯だったのを覚えている。

②コンサルタントの面白さ、やりがいを知る

　コンサルタントの仕事は、非常にダイナミックな別世界であった。個々のお客さまにとっては、創業以来の大変革といったプロジェクトに、10週間ごとに参加し、経営の大きな舵を切るお手伝いをさせていただいた。刺激に満ちていて、1つの会社にずっと勤めているだけでは、決して経験できないエキサイティングな毎日であった。製造業から流通・サービス業等、さまざまな業種にわたって5年半で20社以上のお手伝いをさせていただいた。テーマ分野も、経営戦略・事

業計画、組織、マーケティング、新規事業開発、業務改革・情報システム、人事制度、生産・物流など多岐にわたった。

　工場の会議室で、皆で連日深夜まで熱心に改善策を議論したり、長期の出張も多く、体力的にもかなりきつかったが、全身全霊で仕事をした。表面的に発生しているさまざまな事象から根っ子にある本質的な問題点を探り出す面白さ、絶対に無理だと思っていたことができるようになる面白さ、社内メンバーと一体感を感じながら経営課題について真剣に議論する面白さ、先方の社長や社内メンバーからの感謝やお褒めの言葉が原動力だった。

（2）中小企業診断士資格との出合い

①資格取得への目覚め

　経営コンサルタントは、何の資格がなくてもできる仕事なので、出向時代は資格取得の必要性を感じなかった。その後、銀行に戻って、外為、国内支店、海外支店、コンプライアンス等、さまざまな業務に携わった。

　40代後半にもなるとサラリーマンとしては先が見えてきたこともあり、会社を離れた時に、自分に何があるのか、あるいは自分は一生を通して何がしたいのかを考えるようになった。ゆるやかに下り坂の人生に突入していくようなむなしさの中で、もがいていたのかもしれない。

　それまでやってきた仕事を振り返った時に、一番生き生きとしていたのはいつだったのか。経営コンサルタント時代を思い出した。最もハードな時期だったが、本当に面白くて必死で勉強もしたし、やりがいもあったなと。将来何をするにしても、あの時の知識を集大成しておきたいと思うようになった。あらためて中小企業診断士の試験の内容を調べてみると、問われている知識は大企業にも共通するビジネススキルの集大成であり、それに中小企業政策が加わったものだった。これに合格すれば、ビジネスマンとして知識の面では「免許皆伝」だなと思った。49歳で1次試験、50歳で2次・口述試験に合格した。

②「大企業診断士」、「経営コンサルタント」という国家資格はない

　以前は、「経営コンサルタント試験」という国家資格があれば受けたいと思っていたのだが、よく考えてみると、弁護士や公認会計士・税理士等とは異なり、占有業務のない経営コンサルタントの資格を国がつくる必要はない。業法規制も必要ない。また、大手コンサルタント会社には、米国に留学してMBAを持っておられる方も多いが、それはあくまで学位であり、国家資格ではない。

　中小企業診断士の資格は、国が国の土台である中小企業を支援するために設けた国家資格だ。しかもその試験内容は、「大企業診断士」、「経営コンサルタント」の資格としても十分に通用するレベルなのである。

　大事なのは、この資格が、中小企業へのパスポートであるという点だ。中小企業診断士は、経営コンサルタントであると同時に国の中小企業施策と中小企業との橋渡し役でもある。経済産業局、各都道府県、商工会議所・商工会の専門家派遣事業等は、中小企業診断士を活用して中小企業を支援する制度だ。専門家派遣、相談窓口あるいは各種補助金・助成金の申請などを通じて中小企業と接点を持ち、経営コンサルタントとして顧問契約につなげていく。これが中小企業診断士である。

（3）大企業と中小企業
①日本を支える中小企業

　企業数では99%以上、従業者数では7割の日本人が中小企業で働いている。先端分野の研究やグローバルな展開は大企業にリードしてもらう必要があるが、人口減少時代に日本の競争力を維持・発展させるためには、中小企業の技術の継承、生産性の向上が必須である。また、地方の活性化も中小企業が主役である。

②個人の力で変えられるのは中小企業

　大企業では、オーナー企業でない限り、社長でさえ1人では会社を変えることはできない。しかし、中小企業は社長次第だ。その社長を支援する診断士個人の力が大きな影響力を持ってくる。的確な支援ができれば、短期間で劇的に業績が

改善する。これは、大企業では味わえない醍醐味だ。

③中小企業の潜在コンサルニーズは無限大

わが国の中小企業の数は358万者（2016年）。悩みのない経営者はいない。経営環境が目まぐるしく変わる現代は、普通に経営するだけでは生き残りは難しくなっている。税金や法律の相談相手なら、すぐに税理士や弁護士が頭に浮かぶが、経営の相談になると誰に相談していいのかわからない。

診断士の支援を受けることによる具体的な成果（売上増加額、経費削減額、子供に引き継げる中長期成長戦略等）が示せて、そのための対価が利益増加額のうちのわずかな金額であることが示せれば、潜在ニーズは相当高いと思う。経営者のもやもやとした不安やぼやっとした事業構想に対して、的確なソリューション・アドバイスが提示できれば、コンサルニーズは無限大だと思われる。

（4）中小企業診断士は理想の仕事

これまでさまざまな業務を経験してきて思うのは、本気で向き合って勉強をすれば、どんな仕事でも面白くなるということだが、それらすべての業務の経験が肥やしとなって、集大成として開花できるのが中小企業診断士の仕事ではないかと思う。若い時に経験して面白いと感じたコンサルタントの仕事だが、試験に合格してから毎年参加している実務従事や研究会等を通じて、診断士として独立してやっていければ理想的な人生が送れるなと、ますます強く思うようになった。

①これほど面白くてやりがいのある仕事はない

業績悪化の会社をV字回復させ、調子の良い会社はさらなる発展段階に導き、社長を笑顔にし、社員全員から感謝される。

経営者の悩みに寄り添いながら、徹底した現状分析に基づいて、目に見えない長所（強み）に光を当て、それを伸ばすお手伝いをする。さまざまに発生している事実を拾い集め、つなぎ合わせて課題を整理していくと、本質的な問題点が見えてくる。少しずつ成果が現れてくると、提言に対して当初、懐疑的だった社長も目の色が変わってきて、一緒になって真剣に取り組み始める。社内全員を巻き

込んで会社を活性化し、個人も会社も成長していく。

社長からの信頼と社員の笑顔が、何よりの報酬でありやりがいだ。全身全霊で打ち込める仕事だと思う。

②とにかく自由だ

こんなに自由な仕事は他にないと思う。自分の行きたい方向に自分で研鑽を積んで、自分の理念を実現していけばいいのだ。何年かかってもいい。定年はないのだから。上司もいない。経営者や従業員全員の笑顔のために仕事をするのだ。

a. 好きな分野を深掘りする

私自身は、特定分野の専門家ではなく、経営全体を洞察しながら課題解決に取り組むゼネラルコンサルタントを目指しているが、得意な分野を磨いて尖った部分を持つことも必要だ。企業のライフサイクルという切り口で見ても、創業支援、経営革新計画策定支援、BCP策定支援、事業再生支援、事業承継支援など、いろいろな分野がある。業種という切り口では、自分が経験した業種や新たに関わっていきたい業種の専門性を高めることができる。研究会に参加したり、ネットワークを築いて好きな分野で尖っていける。

活動地域も自由だ。故郷に帰って地元興しをしても良いし、被災地の復興に尽力しても良いし、海外展開の支援をしても良い。1つのテーマで全国展開もできる。全都道府県に診断協会があるので、協力が得られる。

b. ビジネスモデルは自分で決める

診断士には、確立されたビジネスモデルはないと思う。自分としては、いくつかの企業と顧問契約を結んで、経営者の思いを理解し、次々に生じる経営課題に対して最適な解決策をともに考え抜く姿勢で、継続的にその会社の発展に貢献していければ理想だと思っている。

中小企業診断協会が発行している「2020診断士手帳」によると、標準的な中小企業診断士報酬は、(1)診断業務10.5万円／日、(2)経営指導11.0万円／日、(3)講演・教育訓練12.5万円／件、(4)顧問料17.0万円／月となっている。これに加えて、補助金や助成金獲得の成功報酬、原稿執筆料など収入源も多様だ。

　顧問先を 10 社以上持って、年収何千万円という方々も存じ上げているが、自己研鑽を重ねて独自のビジネスモデルを構築された結果だと思う。

③1人じゃない、診断士ワールドの一員になる

　試験に合格するまでは、診断士は孤独に何でも1人でこなすのかと思っていたのだが、合格してみると、成功されている方ほど横のつながりが強いことに驚いた。各都道府県に協会があり、その中での活動や各種研究会等がテーマごとに実にたくさんあり、実務に直結するレベルの高い活動を行っている。ここで得られる人脈は貴重だ。皆さん本当にフランクで、何でも教えてくださるし、真剣に人生を考えている同志という印象だ。

　1人ですべての分野を得意とすることは不可能なので、自分の不得手な部分は、その分野に秀でた他の診断士、あるいは他の士業・専門家に協力を仰ぐことになる。皆、お互いに信頼できるパートナーを探しているので、まずは自分が他から頼られる得意分野を持つことが大切だと思う。

④年齢制限・定年なし、学歴・専攻・経歴不問

　サラリーマンはどんな仕事をしていても、定年になれば会社を去らなければならない。また、出身学校・専攻、社内の経歴等で今の職場が規定されていると思う。そういう状況を一度リセットして転身したくなった時、年齢制限・定年なし、学歴・専攻・経歴不問の診断士を考えてみる手はある。体力と能力があり、成果を出せれば、年齢も学歴も関係ない。自分の一生をかけて追求したい好きなテーマに没頭できる仕事だと思う。人生 100 年時代の憧れの仕事だ。

4 「まさか？」の連発から 診断士を目指して

　自分が中小企業診断士になって合格体験記の執筆をするなんて、夢にも思っていなかった。転職もしていないのに社名が3回も変わるという「まさか？」の連発だった勤め人生活も50歳と少しを過ぎた。人生のセカンドステージを見据える時期になった今、波乱の多かった勤め人生活の中で診断士資格取得に至った経緯を振り返ってみたい。私の経験が少しでもお役に立てれば幸いである。

（1）「まさか？」連発の勤め人人生

①はじめての「まさか？」～勤め人生活のスタート、大企業への就職～

　はじめての「まさか？」は、数学がキライなごく普通の文系大学生が、第1志望で従業員数万人の大手電機メーカーに就職できたことに始まる。時は1990年、いわゆるバブル期で、就職市場は超売り手市場のいい時代であったことが幸いした。

　新人研修を終えた後の配属では、半導体や電子部品などの製造装置を作る事業部の生産管理部門で勤め人生活のスタートを切ることになった。せっかくメーカーに入れたので、生産管理をやってみたいと思っていた私の希望がかなった配属であった。部材手配や倉庫から製造現場への資材運搬など現場に密着した業務から、生産計画や統制管理といった管理業務まで一通りの生産管理業務を経験した後、予算・中計の作成や管理会計業務に就くことになった。これらの業務経験は、後々の診断士試験に大変役立っている。

②2度目の「まさか？」～事業再生ファンドによる事業買収～

　2度目の「まさか？」は、管理会計業務に移って約10年、諸先輩方にも恵まれた中、管理職に昇進した翌年に起きた。

　2000年代前半、ITバブルの崩壊とともに社会情勢は日増しに悪化の一途を辿っていった。勤務する大手電機メーカーもご多分に漏れず、私が所属する事業部の業績もみるみる悪化していく中で、外資系コンサルティングファームのコンサルタントと仕事をする機会を得た。後で思うと、われわれの事業をどうするか、事業売却を前提に客観的な根拠を得るためだったのだろう。夜遅くまで議論をした後、聞き慣れないさまざまな手法を用いて翌朝には立派な資料を仕上げてきて、経営層に堂々とプレゼンテーションをする人たちの手際と迫力に圧倒されたことを覚えている。コンサルタントなんて自分とは別世界のことだと思っていたが、後々その椅子に座ることができる国家資格を得るとはそのときは思ってもいなかった。

　結果として、私の所属する事業部は関連子会社を含めて当時としては珍しい「カーブアウト（企業が事業部門の一部や子会社を切り離し、ベンチャー企業として独立させる経営戦略）」という手法を用いて事業再生ファンドに買収されることになった。数万人が働く「超」大企業から百人単位の中小企業への転換、外資や金融機関出身の経営陣など、人員構成や企業文化は大きく変わっていった。

　そんな中、個人的に一番インパクトがあったのは、マーケティング部門が独立して新設されたことであった。マーケティングと営業（セリング）の違いもよくわかっていなかった当時の私は、考え方の差に唖然としていた。今思えば、自分の知識が少なく、視野が狭かっただけなのだが。

　こうして船出した新会社の業績は順調であった。事業再生ファンドが株主であり、株式上場に向けた準備や社員向けストックオプションの話なども出ていたが、その後、再び大企業のグループに入るとは思っていなかった。

③3度目の「まさか？」〜わずか2年で再び大企業グループへ〜

　3度目の「まさか？」は、3年後に突然訪れた。われわれの事業に魅力を感じた大手企業が株式譲渡によって丸ごと買収、再び大企業の傘下に入ることになったのだ。

　大企業といっても、以前に所属していた大企業とは企業文化も違い、自身の主

業務である管理会計のやり方は大きく異なっていた。戸惑いながらも教えを乞うて、さまざまな手法を身につけられたことは大きなスキルアップになった。また、新入社員の頃に経験した生産管理業務を当時とは立場もやり方も違う中で経験できたこと、本社への出向によって営業管理業務を経験できたことなど、大企業グループの中にいたおかげでさまざまな経験を積み、多くの方々との出会いを得た。この3度目の「まさか？」の中で得た経験と後述する診断士試験受験への機会が診断士になる大きなきっかけである。

④4度目の「まさか？」〜株式譲渡で4社目の企業グループへ〜

4度目の「まさか？」は、幸運にも診断士試験に合格できたすぐ後に訪れた。大企業グループに入って11年、途中で事業譲渡を行うなど事業規模も人数もコンパクトになっていく中、半導体などの製造装置を作る企業グループに再び株式譲渡されることになったのである。

買収の正式発表があったのは、診断士登録に必要な実務補習初日である真夏の午後だった。うだるような暑さの中、はじめての診断先社長へのヒアリングを終えた緊張からの解放と週明けから目まぐるしく変わるであろう本業の仕事を思いながら懇親会で味わった美味しい食事とお酒には、複雑な感情が混ざっていた。

現在、新しい企業グループの一員となって1年と少し経った。診断士的な客観的視点から見ると、製造装置を作るという点では事業内容が近いが、重複する製品はなく、市場でのカニバリゼーション（＝共食い）が発生しないためシナジー効果が発揮できそうな組み合わせである。自身の業務的には、管理会計のやり方が変わることで、また教えを乞いながら日々の業務を遂行している。ただ、これまでと違うのは、これも診断士としてのスキルアップにつながるな……というワクワク感があることであろう。

(2)「中小企業診断士」という資格との出合い

①出合いのきっかけは突然に！

こんな勤め人生活を送る中、中小企業診断士という資格に出合ったのは、3度

目の「まさか？」で再び大企業のグループ企業の一員となって数年が経った時だった。人事考課制度であるMBO（Management by Objectives、目標管理制度）の項目で自己啓発目標が必須となり、どうせやるなら何か資格が取りたいと思ったことが始まりである。MBO提出期限はゴールデンウィーク前、今から受験申込みが間に合い、9月までに試験結果が出る資格としてピックアップしたのが中小企業診断士であった。1次試験は科目合格OK、3年で7科目合格すれば1次試験合格というのも魅力で、3年間自己啓発の目標にできると考えて受験勉強を始めたことが、6年間にわたる診断士試験勉強のスタートであった。

②診断士試験に取り組む中で考えたこと

これだけ人生の荒波の中にいると、まわりも含めて嫌でも自分の将来のことを考える。会社に残って頑張る人、思い切って転職する人、次のステップを見据えて資格を取得する人（バリバリの技術者なのにトレーラーが運転できる大型特殊自動車免許を取る人も！）など、周囲では皆それぞれの人生を考えてさまざまな行動を起こしている。私の場合、受験のきっかけは軽いものだったが、いつどうなるかわからない勤め人生活、自分も将来を見据えてさまざまな可能性を考えた結果、改めて診断士資格を取ると決心するのにあまり時間はかからなかった。勉強する内容もこれまで経験してきた業務が活かせる科目が多く自身のキャリア活用にも適しており、将来の独立も視野に入れることができるという意味では最適な資格に思えたからである。

しかし、多くの時間を費やして学ぶのは大学受験以来、既に若くない頭脳は覚えが悪く、何度も繰り返し見聞きしないと覚えられない。最終的には、1次試験5回、2次試験2回を費やしたが、幸運にも診断士試験に合格することができた。

(3) いざ、診断士の世界へ～開けた視野と広がる世界～

①実務経験により少し開けた視野

診断士登録のために、次は実務補習があり、7月、8月、9月の計3回、15日間の受講をした。指導員の先生方は三者三様、受講生の方々も年齢層は20代か

ら60代まで、企業に勤めている方から弁護士や公認会計士など他士業の方まで幅広い。本格的な実務に向けた経験の意味合いが強いとはいえ、少しでも診断先のお役に立ちたいという思いは皆さん持っている。経営診断という真剣勝負の場で、社会的な経験や立場が違う初対面の人たちと喧々諤々と意見を戦わせて1つの診断報告書を作るという、貴重な出会いと経験をさせてもらった。そんな実務補習の仲間とは現在も交流があり、時折お酒を酌み交わして近況報告や情報交換する間柄である。

②診断士の先生方との交流により広がる世界

実務補習終了後、2018年11月に診断士登録を行い、東京都中小企業診断士協会（中央支部）に入会した。現在は部会（総務部）や4つの研究会、1つのマスターコースと1つの経営診断協会に参加しているが、実務補習を受ける前はそういった活動をすることはあまり考えていなかった。それは、受験時代にいわゆる受験校や診断士受験ネットワークなどに入っていなかったために診断士に関する情報が少なく、登録後の活動イメージがなかったためである。登録後に肌で感じた"情報やネットワークがなくて出遅れてしまった感"が、現在の診断士活動への大きなモチベーションになっている。

実務補習のご縁で診断士協会やマスターコース、研究会にお誘いいただき、マスターコースのご縁で経営診断協会にお誘いいただいたこと、部会活動から支部プロジェクトへ参画できたことなどを通してさまざまな情報やネットワーク、学び（インプット）の場を得て、今は将来へのワクワク感がとまらない。

そんな中、フレッシュ診断士研究会で講師をされた先輩診断士の方から新たなご縁をいただき、静岡県南伊豆町の産業振興や経済活性化の取り組みを行う「南伊豆応援隊」という診断士を中心とした有志グループの一員として活動する機会を得ることができた。これまでとはまた違うネットワークの中で地域支援というアウトプットができることは、診断士冥利につきるご縁であり、地域活性化に貢献したいし、自身のスキルアップも果たしていきたい。

南伊豆応援隊 Facebook より

（4）中小企業診断士を目指す方へ～なってみて、わかったこと～

「その気になれば、チャンスはいろいろなところに転がっている、しかし、チャンスの女神は前髪しか生えていない。躊躇してつかみにいかなければあっという間に過ぎ去ってしまい、そうなればもうつかむことはできない」

「本業の他に診断士としていろいろと活動して忙しいのではないかというが、受験生時代に勉強で使っていた時間を考えれば大したことではない」

これらは診断士の先輩からお聞きした言葉である。本業をやりつつ診断士として少しずつ活動を増やしていく中で、時間が足りないと思った時、これらの言葉がしばしば頭の中をよぎる。良いネットワークや関係性を構築して鮮度の高い情報を得る、そしてそこから自らが求めていけばチャンスは必ず巡ってくるのである。そのチャンスをつかむも逃がすも、自分次第なのだ。時間は自分でつくるものである。せっかく苦労して取った資格、活用しないで何になる。しかし、同じやるなら厳しくも楽しくワクワクしながら活動していきたい。

なってみてわかる、自分次第でいろいろな可能性が広がる……そんな診断士の世界にもし興味があるなら、まずは一歩踏み出してほしい。今、私が感じているように、きっとあなたにも新しい世界が待っている。

5 自分を棚卸しして明日に活かす

（1）初任配属地での教え、これが原点です

①コンピュータわかりません

　文学部哲学科卒、これが私の卒業証書。商売やビジネスのことなど何も知らずに世間に出た。ご縁があって今の勤め先であるタイヤ会社に採用され、最初の配属は北の大地、札幌支店だった。当社では、支店勤務は営業部門を意味する。その中で、私の所属は文字通りの営業ではなく販売業務課という北海道地区の管理業務を担当する課、そして命ぜられた仕事は「機械化」だった。

　当社の用語で営業部門の「機械化」は、業務のコンピュータ化を指す。哲学科卒の私にはコンピュータの知識はまったくなく、ゼロからのスタートだった。そして、わからないのはコンピュータだけではなく、コンピュータで処理する個々の業務も同様だった。

②教えてください、ゼロから

　当社は、販売会社を通じて商品を販売している。コンピュータの使い手はこの販売会社の皆さんである。売り手である当社にとって、買い手である販売会社はお客さまである。販売会社の規模は、100人前後の中小企業である。私が仕事を教わったのは、中小企業である販売会社の皆さんからだった。この時、身につけた業務の細部、給与計算、経理や財務などについての知識は、計り知れない財産となった。特に経理・会計について教えていただいたことは、いくら感謝しても足りない。

　私が経理部門に所属することはこれ以降もないが、そんな私が管理部門長などを何とか務めてこられたのは、この時の薫陶の賜物である。そして、社会人としての立居振舞いもこの頃に躾けられたものである。「上ばっかり見るんじゃない

ぞ。現場を見ろよ」という言葉も、躾の1つだ。それらすべてが、診断士を目指すにあたっての大きな支えとなった。

③これが私の「元手」です

学校出たての何もわからない若造へ面倒がらずに手取り足取り教えていただいたこと、これがなければ私は中小企業診断士を目指さなかったと思っている。これが私の原点であり、曲がりなりにも企業人として暮らしている「元手」である。その元手と販売会社の方々のご協力のおかげで、数年後にやってきたコンピュータシステムの更新でも、全国トップバッターの重責を果たすことができた。

④第2のスタートは小売部門

このように、国内営業部門のしかも営業職ではない役目からスタートした私に転機がやってきた。海外赴任である。最初の赴任地はシカゴ。シカゴは地理的には、ニューヨークやロサンゼルスよりもアメリカ合衆国の真ん中に近く、シアーズの本社があることに象徴されるように、商業の中心地である。当社が買収した米国のタイヤ会社も、シカゴに小売部門の本部を持っていた。そこへ赴任したのである。

入社してから7年くらい経っていたが、小売については無知。しかも、この小売ビジネスはタイヤも売るが、主な業務は自動車の整備という日本にはない商態である。英語もほとんど話せない時期であり、まさに手探りで小売部門の仕事を始めた。

⑤小売ビジネスの変化の中で

当時のアメリカはウォルマートが店舗数を拡大し、カテゴリーキラーと呼ばれるディスカウンターが勃興し、ファクトリー・アウトレットが人気を博している時期で、日本の5年あるいは10年先を行っていた。そんな変貌を肌で感じつつ、波形克彦先生の「アメリカ流通業のニュートレンド」に導かれながら、リアルな小売ビジネスを学んでいった。

シカゴでは、もう1つありがたいことがあった。学校へ通うチャンスがあったのだ。履修したクラスの中に、販売、経理、労務など、経営の全般を学ぶ、

Business Organization というものがあった。それは、中小企業や個人企業を起業しようとしている方々を生徒と想定しているクラスだった。そこで机を並べたのは、アメリカの中小企業経営者たちである。日本からはアメリカは大企業ばかりに見えるかもしれないが、中小企業や個人経営は社会の基礎単位として扱われている。基本的な法律、組織運営、労務、資金繰りなどを経営者自ら学び、ビジネスと自分の生活スタイルをマッチさせている。そんなアメリカのナマの経営者に触れることができた。英語の勉強にもなったが、文学部哲学科卒の私にとっては新たな世界に触れる機会となった面が大きく、今につながっている。

⑥ヨーロッパへ、そして

シカゴをスタートに、中小企業規模であるイタリアの販売会社、アメリカに戻ってテネシー州のアメリカ本社、そして、シカゴの小売部門へもう一度移り、今度はダイレクターとして勤務した。15年間の海外勤務であった。経営者としての視点を持てたこと、ダイバーシティ・マネジメントで失敗しながら学んだこと、そして、「話す・聴く」の重要性を外国語だからこそより強く感じ取ったこと、いずれもかけがえのない財産である。

⑦子会社統合、そして

シカゴから日本に戻り、日本国内の小売部門の仕事をすることになると、待っていたのは、子会社の統合であった。国内で県別に分かれている小売子会社、また、タイヤに使うホイールを開発・販売する子会社を1つにするというものだった。会社統合は、間接部門や重複業務の合理化と節税に寄与するメリットがあるので、経営者視点では推し進めたい。一方、労働条件の統一とそれに要するコストなどの負担も伴う。

労働条件統一のコストは一過性のものという見方もあるが、従業員への心理的な影響は一過性とは言い切れない面もある。労働条件統一は片手間仕事でできることではない。専門家の助けも借りながら進めていった。統合による条件の変更で影響を受ける方との面接もたくさん実施した。自分なりにベストは尽くしたつもりだが、今から思うと最善ではなかったと思う点も多々ある。そんな反省と労

務に関する実務的な知識が私の中には残った。

（2）得意分野が…ない！

①誰もが通る道

こうして幅広い経験をしたのだが、50歳を少し過ぎて困ったことになっていた。当社の定年は再雇用を含めても65歳。その歳を過ぎたらどうするかである。おそらく多くの方が似たような悩みを抱えておられるであろう。それは経済的なこととは少し意味が異なる。生きがいのようなこと、人生の第2章を充実させること、そんなことである。

長く働く、これが私の出した人生の第2章についての考えだ。定年を超え、年金支給開始年齢も超えてである。診断士登録をした後は、長く働き続けたいという思いがより強くなっている。

②強みが欲しい

志は美しい。だが、何をするか。幅広い経験と威張ってみても、これといって得意分野がない。そんな気持ちでまわりを見ると、経理の経験が長い方、人事の経験が長い方、営業が長く交友範囲の広い方など、専門分野をお持ちの方が目につく。先輩諸氏でもそのような得意分野を活かして、退職後も活躍されている方が少なからずおられる。私にはそのようなものがないと思った。

困ったなと思いながら、ITと小売ビジネスと労務、マーケティングと経理と英語など、いくつかの経験を組み合わせて、ある目的に活かせば活路はある、そんなことを考えるようになった。

③心はあるぞ

入社当時、密接に付き合った販売会社の方々にいただいた「上を見るな、現場を見ろ」という教えは、今でも私の仕事の軸になっている。そんな思いを忘れず、さらに一歩進んで恩返しし、自分

３つの経験を
組み合わせて活かす

が蓄えた力で中小企業の現場を支えたいという思いに至った。

④だったら「中小企業診断士」！

幅広い経験を組み合わせて活かしたい、現場を支える力になりたい、そんな私に最も適している道、それが中小企業診断士として生きるということだった。診断士に求められる知識は広いが、少なくともその基盤は持っている。経営者に寄り添う気持ちや姿勢、これも私は持っている。これが、私が中小企業診断士を目指すスタートだった。

(3) そんな私の勉強法

①自分のできることを測ってみよう

1次試験の過去問をパラパラとめくると、ある程度理解できる。経験の幅広さは役に立っている。何とかなりそうに感じられた。

前年の過去問に時間も測って答えてみた。結果は平均56点。合格点の60点を超えている科目もいくつかあった。手応えあり。全体的には合格は遠くなさそうに思え、不出来な科目を独学で克服するという方法を選んだ。

②「言葉」を知る、ということ

弱点対策のためには、知らない言葉の意味を知るのが大切である。中学生が英単語を暗記するのと同じ方法で暗記をしていった。合格してみると、その時に知った言葉が、いろんな場面で生きてくる。1次試験の暗記は、診断士にとっての一般常識を身につけることだと今は思う。

③業務の中にあった2次試験対策

といっても、業務中に過去問をやるわけではない。会社の仕事の中には、部門間の調整や関連部門役員への説明を行う場面がある。そこでは、わかりやすく簡潔な文章を書く、役員の心に届く説明資料を作る、そんなことが欠かせない。これが間接的に2次試験対策になった。制限文字数内にキーワードを外さずに考えを書くことが求められる2次試験は、会社のこういった仕事と重なるところ大であった。

（4）診断士として生きる、明日に活かす

①いろんな人がいて、いろんな仕事がある

　こうして診断士試験に合格し、実務補習を経て登録した。診断士になってみてわかったことは、先輩診断士、さらには同期の診断士も、年齢、キャリア、出身業界、動機、目指す方向などがとても多様であることだ。加えて、診断士の仕事も多様である。中小企業の顧問や相談役、セミナーの講師、自治体の相談員や登録専門家、補助金の申請、受験予備校の講師、執筆・出版などなど。セミナー講師と一口に言っても得意としている分野は異なるので、そのセミナーが多様だ。

②偏りは個性、とはいっても

　偏りは個性であり、持ち味である。しかし、その個性が独りよがりに過ぎたり、企業経営をアドバイスするには致命的部分が欠けていたりすると、コンサルティングを依頼する側は困惑されるだろう。そのコンサルタントのレベルにお墨付きを与えてくれるのが診断士資格だととらえている。

③いくつになっても可能性は無限

　診断士としての第一歩を踏み出した今の私は、協会での活動や研究会・マスターコースでの勉強を通じて、まわりの個性から学んでいる途上である。診断士としての活動もほんの少しだが始まった。その活動は、学びが支えてくれている。自分では幅広いと思っていた経験が、残念ながら限られたものだったと実感することもある。私にとって、診断士は先生の宝庫、学ぶ素材は無限、私の、そして、これから診断士を目指そうとするあなたの可能性も無限、そんなふうに心から思えるのが中小企業診断士である。

　文学部哲学科卒の私は、一人ひとりの考えを大切にしたいと常々考えている。中小企業は個々の考えを大切にでき得る経営スタイルである。そんな中小企業が輝ける明日を切り開くために、中小企業診断士という自分を活かしていきたい。

6　65歳からも ワクワクしていたい

（1）長年勤めた会社を定年退職し、新しい会社に移り、ワクワク感を得る

　34年間勤めた大手電機会社を59歳で定年退職し、第2の就職先として大手印刷会社に理事として入社した。前の会社では液晶表示素子製造に携わっていたが、新しい会社の所属部門は、基本的には電子関連部材製造業であり、より川上にある会社である。ものづくりに対する考え方、研究開発に関する考え方、製造に関する考え方、営業や経営の考え方も、少しずつ違う。受入れ側にしてみれば、川下の業種（ユーザー側）から来た私が、どんな考えを持っているのか、どのような行動基準を持っているかが、気になったと思う。

　文化が違う会社で働くことは、最初は緊張するものだ。しかし、ひと月くらい経つと、人間関係もでき、いつの間にか、会社の一員として、すべての行動でスムーズに対応できるようになった。それとともに、新しい仕事に携わり、新しい文化に慣れていくことで、むしろ、新しい会社生活にワクワクしてきた。人間の適応力は意外としなやかなものだと感じた。

（2）定年を間近に、さらなるワクワクを求めてステップアップを考える

　この会社では、部門長クラス以上は多くの場合、65歳が実質的な定年であった。それを頭に置いて、63歳になった時、定年後の生活と活動を考え始めた。定年後も、引き続きワクワクしていたい。自分の中では、まだまだやっていける感覚があった。

　65歳以降について、いろいろな選択肢を考えた。写真を趣味にする、日本中を歩いて回る、世界を旅行して回る、ゴルフを極める、ボランティア活動をする、どこかの会社に入りサラリーマンを継続する……でも、もっと、積極的に自

分を成長させる何かをしたい。もっと、自分が集中できることをしたい。そして、自分が成長することで、充実したワクワク感を得ていきたい。できれば、これまで自分を育ててくれた日本社会に、恩返しをしたい。そんなことを考えていた時、以前の会社の OB 会が開かれた。

（3）中小企業診断士という、ワクワクしそうな資格との出合い

　OB 会で、隣の席に久しぶりにお会いするある先輩が着席された。製造技術のプロフェッショナルで、私より 5 年ほど先輩である。頭がとても切れる方で、単に頭が良いだけでなく、知恵がある。しかも、温厚な性格で、部下に慕われ、多くの関係者から信頼されていた方である。昔話に花が咲き、そのうちに、会社引退後の過ごし方に話が及んだ。その方の日常生活の中心は、「中小企業診断士」の仕事とゴルフだとのこと。

　これが、中小企業診断士という資格との、初めての出合いだった。いろいろと話をうかがうと、なかなか面白そうな仕事に聞こえた。主な仕事は、中小企業の経営を指導するコンサルティングとのことであった。考えてみると、私も、課長や部長をしていた頃には、取引先の中小企業の幹部の方から相談を受け、対応したことがあった。シックスシグマのマスターブラックベルトの経験もあるし、製造業なら、役立てるかもしれない。少し調べてみるか。

　調べていくと、合格するのが結構難しい資格のようだし、受験する人は年配者ばかりではなく、若い人もたくさんいるらしい。若くてフレッシュな頭脳を持つ人たちとの競争に勝つことができるのだろうか。しばらくは躊躇していた。そのうち、以前の同僚の 1 人が中小企業診断士の資格を取得したことをかの先輩から聞いた。直感が私に「やれ、やれ」とささやいた。直感の指示に従って、早速、受験予備校のホームページを見て、中小企業診断士講座の資料を取り寄せた。ちょうど新学期が始まる前で、講座内容を調べるには良い時期であった。

（4）ワクワクしたいために中小企業診断士になろうと思った

　予備校から送られてきた資料を見ると、MBAで学ぶのとほぼ同等の科目を学ぶと書いてある。日本のMBAと言われることもあるらしい。これは、面白そうだ。そういえば、若い頃、MBAに興味を持っていたこともあった。

　科学技術系の仕事を40年ほどやってきたから、文科系の勉強を本気になってやってみるのも面白い。そう考えるだけで、ワクワクしてきた。すぐに入学手続きをして、2週間後には、受験予備校の日曜日の授業に出席することになった。

（5）ワクワクして、受験勉強を大いに楽しむ

　週末に受験予備校に通う生活が始まった。平日に予習をし、週末に授業を受け、復習で本を読み、理解し、覚え、模擬試験で確認する。久しぶりに頭をフル回転させる日々が訪れ、頭が活性化するのが手に取るようにわかった。

　一緒に勉強する仲間もできた。多くが20代から40代の会社員だった。週に1回、朝から夜遅くまで一緒に勉強していると、自分があたかも30代であるかのような気分になった。それだけでも、ワクワクしてきた。平日も含め、毎日、勉強していると、頭の回転が速くなったような気がしてくる。実際、頭の反応速度が速くなったのを実感した。記憶力も戻ってきた。論理的な話を積み上げることも、強化されてきた。まるで、30歳ぐらい若返ったような気分だった。

（6）65歳で定年退職してワクワクする受験時代へ

　大手印刷会社での定年は、結局65歳であった。ただし、その後の2年間は事業部とのアドバイザリー契約のオファーを受け、67歳まで引き続き勤めることとなった。

　アドバイザーの業務の中には、いくつかのビジネスユニットの月例会に出席して、技術戦略面、経営戦略面でのアドバイスを行うことが含まれていたので、診断士の勉強成果を活用する機会もあった。

　無事に2年間のアドバイザリー契約業務を終え、いよいよすべての時間を診断

士の受験勉強に使うことができるようになった。当初計画より受験勉強の本格化が2〜3年遅れたので、遅れを取り戻すため、日本生産性本部の養成課程に進むことにした。

　養成課程も、大いに有意義な学びの場であった。平日は朝9時半から夕方5時半まで授業である。5回の実習は9泊10日で、訪問企業の近くのホテルでの合宿であった。極めて濃縮されたカリキュラムで、ハードに鍛えられた。おかげさまで、6ヵ月で3kgもダイエットできた。

　授業は、講師一人ひとりの個性が出ていて、経営コンサルティングの実務経験を引き合いに出しての講義だった。事例問題も実経験をベースにしており、迫力があった。実務実習は10日間現地に張り付くので、先方の役職者やキーパーソンとの意思疎通も良好だった。

(7) ワクワクして診断士登録、東京協会加入、フレ研入会

　養成課程を無事に修了し、11月1日付で官報にも名前が載り、胸を張って独立診断士と言えるようになった。東京都中小企業診断士協会（以下、「東京協会」）中央支部に加入するまでは良かったが、どの研究会に入るべきか、さっぱりわからない。そんな時、養成課程の同期が、新しく診断士になった人向けの研究会があるらしいと教えてくれた。それが、フレッシュ診断士研究会（以下、「フレ研」）だった。

　12月に入会手続きをし、1月から出席を始めた。フレ研に出席するようになって、少しずつ診断士の方向性がわかるようになってきた。小林勇治先生が立ち上げられた経営革新計画・実践支援研究会や人を大切にする経営研究会にも順次加入し、ようやく新人診断士としての活動ができるようになった。あわせて、養成課程でお世話になった日本生産性本部の経営コンサルタントの先生が主催されている海外コンサルティンググループのGlobal International Consulting（GIC）にも参加することにした。

（8）１年間の活動で、ワクワクする診断士生活になったか

　今、ずっとワクワクしている。新年度の４月になると、東京協会の雰囲気もわかるようになり、同時にさまざまな研究会やプロコンサルタント塾（プロコン塾）が一斉に新年度の活動を始め、新入会員勧誘が盛んになった。とりあえず、５つの研究会と３つのプロコン塾に加入登録し、本格的な活動を始めた。

　夏から秋にかけて、各研究会やプロコン塾の活動が本格化してきて、次第にスケジュール表の空白が埋まってきた。年末も近くなると、原稿の締め切りや事前資料の作成締め切りに追われ、忙しさだけでいうと、会社に勤めていた時とあまり変わらない感覚になった。決定的に違うのは、自分で選んだ仕事をしていることである。会社に使われているという感覚は、まったくない。忙しすぎるのも、自分が立てた計画が十分検討されていなかったからだと割り切れる。

　仕事の一つひとつが、面白いものばかりである。欲張って、多くの研究会等に入りすぎたきらいはあるが、ある程度は自分の責任で調整できるし、頑張るところは頑張るというように、自分のコントロール範囲で何とかできるのが、独立診断士の良いところである。そもそも、69歳でも仕事で一生懸命になって、ワクワクしていたいということが、診断士を目指した最大のモチベーションであり目的である。今は、ある意味で最も望んだ状況で、本当に毎日ワクワクしている。

　GICの活動では、昨夏、日本生産性本部の上位団体にあたるアジア生産性機構（Asian Productivity Organization：APO、アジア・太平洋地域の生産性向上に係る国際団体）が主催する新しい生産性向上のための戦略的な政策・経営戦略策定手法に関するワークショップ（Workshop on Advanced Strategic Management for Enhancing Productivity）に参加する機会を得た。具体的には、フォアサイト（Foresight）と呼ばれる未来志向の政策・経営戦略策定手法に関するワークショップである。ホスト国フィジーを含めたアジア・太平洋地区の14ヵ国から24名が参加し、２名の大学教授レベルの講師によるクラスであった。

　極めて新鮮で、新しい視界の開けるワークショップであった。長期政策はこうしてつくるのかと納得したし、未来を見据えて知を集結して長期経営計画をつく

APO-WS 修了式

修了証明書

ることに感動を覚えた。

　この原稿を書いている時点では、中小企業診断士でこの手法を知っているのは、私ひとりである。出版される頃には、増えていると思う。なぜなら、私が今、国内でフォアサイトのワークショップを開催しているからだ。この1年でさまざまな経験をし、毎日、ワクワクしながら生活している。皆さんも、早く診断士の世界に入って、ワクワクした生活をエンジョイしてもらいたい。

第2章

私はこうして
1次試験に合格した

1 　突然の解雇から 1,000 時間の勉強

　2011 年 12 月 5 日に実家の寝具販売店が業務停止となり、会社都合で解雇。失業保険生活となり後がなくなったことで、2 年目で合格できた。これまでの学歴や経歴にかかわらず、私のようなキャリアでも追いつめられれば診断士試験に合格できるのである。

（1）具体的受験勉強と科目別合格ノウハウ

①受験 1 年目の活動は周囲とのネットワークの遮断

　不義理ではあるが、バンドの解散直後にウェブサイトとブログの閉鎖を実施した。合格まで約 2 年間、当時の友人には不義理をしてしまったが、私のようなメンタルが甘い人間は、このように人脈を絶ち孤独に身を置くことで集中できると考えた。結果的にその自己分析を信じたことが、合格につながったと考える。

②受験 2 年目の活動は十分な科目分析と投入時間設定の実施

　1 年目の敗因はインプット、アウトプット不足に加えて、科目分析を十分にしていなかったことである。したがって、これまでの常識を捨て、DVD の講師と心中する決意をした。以下のように科目分析を実施するとともに、この講師は約 1,000 時間勉強に投入したとの話を聞き、私も 1 科目当たり約 150 時間×7 科目で 1,050 時間を費やした。業務停止で解雇されたこともあり、失業保険のアドバンテージもあったため、モチベーション管理さえできれば十分に達成できると考えた。

　モチベーション管理方法としては、受験生や合格者のブログを読んだり、DVD の診断士受験導入講義を見たりした。また、ファストフード店や図書館で優秀な学生に混ざって勉強した。その際、過去問・テキストに加えパソコンで

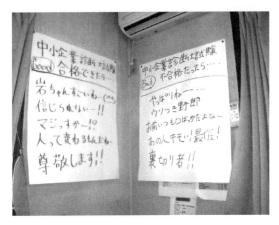

**壁に合格・不合格ストーリーを貼り付け
モチベーション管理**

DVD を再生しイヤホンを持ち込んで聞いていた。自宅では部屋や天井にモチベーションを上げるための張り紙などをして、安易にベッドで横になることを禁止した。

a. 企業経営理論

　専門用語は暗記するのは前提だが、3分野（戦略論・組織論・マーケティング論）ごとに勉強方法が異なる。講義で一通り網羅はするが、戦略論とマーケティング論は理解型、組織論は学者の名前など暗記型と定義づけた。講義に加え、過去問をアウトプットとインプットに使う。先に答えを見て長文の不適切問題などに慣れる。組織論の中で出題数が少なく内容が深く広い労基問題は最低限押さえ、難問は捨てる戦略を取った。本科目は1問2点なため、問題数は多い反面、1問の重みは他科目と比べ低く、重点戦略が取れると考え、重箱の隅をつつく問題は深掘りしないこととした。

b. 財務・会計

　財務諸表の理解、経営指標の計算問題に加え、ファイナンスでは細かな計算が求められる。最低限の理解として、診断士試験受験前に簿記3級を取得した

（2級は効率を考え取得せず）。講義を聞いて理解を深めるが、とにかく習うより慣れろの科目。ひたすら公式の暗記や問題に当たる。理解せずとも何となく解けるようになったら再度講義を受けるなどして、理解を深めていく。余談であるが、実務でも活用する頻度が最も多い科目であると考え、現在も知識を補填し、診断時の活用の仕方を学び直している。

c. 運営管理

「生産管理」と「店舗・販売管理」の2分野からなる。主に暗記型科目だが、一部計算問題がある。

生産管理では、主に製造現場や生産プロセスを学ぶ。営業職の私にはとっつきにくい科目であったが、逆に講義内容を素直に学ぶことができた。

店舗・販売管理は、主に小売店舗・流通・卸・一部IT技術などが出てくるが、比較的身近な分野であった。

まずは講義で専門用語とその意味を確実に抑えた上で、過去問にひたすら当たる。解けてきたら解説や講義などで理解を固める。こちらも講義にない難問が出てきたら捨てるが、既存知識や常識的思考でその場で考えれば解ける問題もある。

d. 経済学・経済政策

苦手な方も多いと思われる。ミクロ経済、マクロ経済の2分野で、完全な理解型の科目である。こんな学問やる必要あるのかとさえ思ったミクロ経済は、私の知る限り実務ではほとんど活用しない。講師の言葉を借りれば、合格したらテキストは捨ててもいいとのことであった。素直な気持ちで、合格のためと割り切って着手した。完全な理論であるため、とにかくグラフと講義内容の理解に努めた。

過去問でのアウトプットの慣れが重要である。1問4点のため、私は100点狙いで60点が限界だと考えた。1問だけ捨てた分野は、微分・積分の知識が必要な問題である。出ない年もあり、出ても1問とのことで、微分・積分を学生時代に学んでいなかった私には、この1問のために微分・積分を理解し直す

くらいなら他の分野を落とさないようにする戦略を取った。

e.　経営情報システム

　近年、技術革新が激しく、避けては通れない分野であることから、難化傾向にある科目である。ITパスポート資格と親和性があるため、ITパスポートの受験を診断士試験受験前にあわせて実施した。1問4点科目であり、CPU・HDD・メモリ・コンピュータウィルスなどの知識は、実務でもIT機器を活用する上で非常に役に立つ。セキュリティやITに係る法律などは、各人の専門分野によるだろう。実務活用可能性などは考えず、割り切って講義や過去問に当たることとした。

　「運営管理」のJISなどと同様、専門用語が多い科目であることから暗記は必須である。捨てた分野は終盤に1～2問出題される統計学分野で、インプットの範囲で学べる浅い部分は押さえ、難問が出た場合は割り切った。

f.　中小企業経営・中小企業政策

　完全な暗記科目である。1問2点で問題量も多いが、中小企業白書の数字や重要グラフ、トレンドの施策を押さえておけば確実に点数が稼げるので、努力が点数に直結しやすい科目である。私の場合、2年目は6科目残ったが、この科目で80点近く稼ぎ、「経済学・経済政策」や「経営情報システム」、「経営法務」の不足分を補った記憶がある。

　ひたすら施策を暗記し、中小企業白書のグラフや数字まわりを押さえ、従来施策は直近の過去問、最新施策や白書問題は直近の予想答練で確実にアウトプットをしておく。留意事項として、最新施策や白書の問題は過去問では対応できないことを押さえておきたい。

g.　経営法務

　こちらも法律用語が多く理解に苦しんだ。しかしながら、会社法などは近年トレンドの事業承継やM&Aなど実務でも大いに活用できる部分も多いのではないか。知的財産権なども自社のブランディング、無形の資産活用にコンサルタントとして最低限の理解が必要である。私は活用し切れていないが、改め

図表 2-1-1　科目別受験シミュレーション表

	現実〜目標点数	科目の位置づけ	捨て分野
企業経営理論	65〜70 点	科目合格必須（普通）	労働基準法の深い部分
財務・会計	65〜70 点	科目合格必須（普通）	なし
運営管理	65〜70 点	科目合格必須（普通）	範囲外の問題
経営法務	55〜60 点	足切り回避必須（苦手）	英文契約書
中小企業経営・中小企業政策	70〜80 点	得意、稼ぎ科目（得意）	なし
経済学・経済政策	55〜60 点	足切り回避必須（苦手）	微分・積分
経営情報システム	55〜60 点	足切り回避必須（苦手）	統計学
合計点数	430〜470 点		

て理解を深めている分野である。

　試験対策としては、会社法・民法ともに、講義＋暗記＋過去問。会社法は大企業に勤務した経験のない私にはとっつきにくい分野であったが、キャリアがキャリアなだけに割り切りやすかった。1問4点のため、1問のウェイトが大きい。捨て問題は英文契約書である。今から契約書に関する英単語や文法を理解することを考えたら、割り切って他の問題を落とさないようにすることが得策だと考えた。英語が得意な方は捨てる必要はない。

(2) これから受験をする方へのメッセージ

　家族のため、友人のため、自分のため、従業員のため、社会のため、理由はそれぞれであると思うが、周囲に惑わされず、自分の心に今一度問いかけ、最もコミットできる理由（複数可）を見つけたときこそ、合格に向けてギアチェンジできる瞬間である。学歴も年齢も関係ない。遅すぎるなんてことはない。本書を手に取った瞬間、あなたが合格へギアチェンジできることを心より願ってやまない。

2　隙間時間を最大限活用した受験生活

（1）診断士を志し、勉強を開始するまで

①頑張る人を応援する仕事がしたい

　私が診断士の資格取得を目指した最初のきっかけは、学生の頃にやっていた家庭教師のアルバイトである。単に生徒個人に指導するだけでなく、合格に向かって家族が一丸となれるような環境づくりを意識して取り組んだ。合格発表後、家族全員で大喜びをして、生徒と両親から「先生、ありがとう」と言われたことが、今となっても鮮明に記憶に残っている。

　この体験が、私の人生の転換点となったと思う。その時に感じた、頑張る人を応援する仕事をしたいという思いを、その後ずっと、今に至るまで持ち続けている。それを経営コンサルタントとして実現したいと思い、診断士を志した。

②家族の協力を得る

　とにかく受験してみようと思い、2016年8月に特に勉強もしていない状態で1次試験を受けて、「財務・会計」の科目合格を取得する。会計はもともと大学院で専攻していたこともあり合格できた。試験の概要はつかめた、来年はきちんと合格して診断士になりたい、その気持ちが強まった。

　当時、息子が2歳で子育てが大変な時期であったが、妻も最大限協力すると応援してくれた。勇気をもらった私は、予備校へ入塾して来年の試験で必ず合格を果たそうと誓った。かくして私は予備校に入塾し、受験生活が始まった。

（2）モチベーションを管理できず失敗を繰り返す

①私は朝型には向かなかったようだ

　まずは勉強スタイルの確立が必要と考え、早起きして自宅勉強する習慣をつけ

ようと試みた。1、2日目と、4時50分に起床し、7時までは集中して勉強をすることができた。「これはイケる、合格できる！」そう思えた。

異変は、3日目に訪れた。ハッと目が覚めて時計を見ると、時刻は7時。勉強どころか、すぐに支度をして仕事に向かわなければならない時間だ。その時、私は瞬間的に自分にこう言い聞かせた。「昨日は疲れていた。必要な睡眠だった…」。だが、一度自分に言い訳をしてしまうと、もう元のヤル気は戻ってこない。持ち直そうとしては、崩れる、その繰り返し。結果として、私の朝型勉強生活が1週間以上継続することはなかった。

②私は夜型にも向かなかったようだ

次は、夜型の勉強スタイル（帰宅後の自宅勉強）を試みたが、平日夜は仕事や飲み会などでほとんど予備校に通えず続かなかった。休日は2歳の息子にテキストを破られたり、家族のことが気になったりと、なかなか進まない。特にまとまった時間を必要とするアウトプットはハードルが高く、手をつけられなかった。

③結局、私に合う勉強スタイルとは何なのか

私は朝型、夜型の勉強スタイルを確立しようとチャレンジし、どちらも失敗に終わってしまった。しかも、あっという間に。その原因は、どちらのスタイルも「無理して」つくったスタイルであり、そもそもの私の生活スタイルに合っていなかったからだ。このまま無理をし続けても、絶対にモチベーションは維持できない。それどころか、うまくいかない、モチベーションが下がる、その悪循環にはまってしまうと直感した。だから私は、自分の生活スタイルを第一に考え、そこに勉強を入れ込んでいくスタイルに方向転換をした。

（3）隙間時間のみでインプットを徹底

①隙間時間にこだわり抜く

やり方を根本的に変えようと考えた私は、思い切って勉強時間・勉強方法の「選択と集中」をする決意をした。早起きだろうが、夜型だろうが、予定外の事

図表 2-2-1　勉強時間の選択と集中

態があれば勉強時間のリズムなど簡単に崩れてしまう。社会人ならなおさらである。だから、絶対に崩れないリズムをつくる必要があるのだ。そのために理想論を捨て、実際の自分の生活を徹底的に洗い、勉強時間に充てられる「隙間時間」を見つけ出すことに「集中」したのだ。

　毎日必ず生まれる隙間時間、私の場合、それは通勤時間であった。この時間を徹底的に活かすことにした。私の移動時間は、毎日片道約1時間（往復2時間）。この時間でインプット学習を繰り返す。そうする中で、学習環境を少しでも良くしたいという思いが出てきた。そこで、毎朝必ず追加料金510円を払って有料列車に乗り、100％座れてゆったり勉強できる環境を確保した。

　毎朝シャワーを浴びて前日の疲れをとり、フレッシュな気持ちで有料電車に乗って、コーヒーを片手に勉強に集中する。短い隙間時間に自分の気持ちや環境を整えて、最大限のパフォーマンスを出せるようにこだわり抜いた。隙間時間だからこそ、中途半端では駄目なのだ。その代わり、通勤電車での勉強時間が取れれば、その日の勉強は合格点と考えることにした。

②勉強法は隙間時間に合わせてカスタマイズ

　基本期は、通勤電車の隙間時間を使い、Web通信講義のみでインプットをした。時間の関係上、倍速での視聴を徹底した。そして記憶を定着させるために、

夜の風呂あがりに朝のインプット内容を15分でざっと一読した。

　また、私はノートづくりという考えを捨てた。ノートをまとめる時間がもったいないからだ。その時間があるなら、1問でも多くの問題を解いた方がいい。その代わり、テキストへの追記を徹底した。先生のコメントや過去問で間違えたところなど、付箋を駆使してどんどん追記をした。テキストのみを使った勉強法だが、結果としてテキストがノートの役割も果たしてくれた。

(4) 直前期の科目別対策、アウトプットのみに集中
①直前期はスタイル変更

　直前期に入り、勉強の仕方をガラッと変えた。直前期の3ヵ月の追い込みが、成績を伸ばす上で何より効果的であることを過去の経験則から感じていたからだ。直前対策講座はさすがに隙間時間だけでは不十分なので、教室で受講した。電車でのWeb受講では感じ取れなかった講師の熱意と他の受験生のやる気を肌で感じた。これが非常に刺激になり、生まれ変わったようにモチベーションが向上した。

　そして、やるべきことも徹底的に選んで、絞った。問題集はやらず、過去問3年分を解くことに特化したのだ。2次試験の勉強も中止し、1次試験のみに集中した。

　試験2週間前は、予備校から配付された直前テキストに絞り込んで勉強した。直前テキストは重要度がAランクの問題だけに絞り込まれているからだ。膨大な範囲すべての復習など初めからできないのだから、予備校が厳選してくれた重要なものだけをやればいい。

②過去問の解き方

　過去問を解く際は1科目ずつ時間を計り、本番と同様の条件で取り組んだ。毎回点数を出すことで、今の自分の点数と合格点とのギャップが明確になる。進捗を「見える化」することは、目標を追う上で非常に重要である。

　また、過去問は重要度の低い問題の復習はしないことにした。合否に影響しな

いと判断し、切り捨てた。

　一番こだわったのは、復習の質。間違えた問題の復習は、解説を読んで解法を覚えるだけでは不十分であることに気づいた。解説を読んだ後、もう一度白紙の状態から問題の解答を再現するステップを追加した。何度解いても答えを忘れた経験から、解答の再現ができなければ、本番まで記憶を定着させ続けるのは難しいと実感したからだ。

（5）1次試験当日までの過ごし方

①直前こそ綿密な計画を立てよう

　1次試験の2週間前からは、15分単位の細かいスケジュールを立てた。試験直前に勉強した内容ほど記憶に残るので、綿密な計画を立てるべきだと考えたのだ。特に試験当日は、試験の合間の休み時間に何の科目の復習をするかまで細かく決めた。

②前日から当日までの過ごし方

　直前になればなるほど、覚えたものが短期記憶として残るので、前日に徒歩圏内のホテルに泊まって試験直前1分前まで集中した。あなたはこれをお金の無駄と思うだろうか。私はまったく思わない。それほど、試験直前の時間には価値があるのだ。

　過去問3年分をすべて解き終えたのが前日のホテルの中で、本当にギリギリだった。その他の空き時間は、机に座れる時間は問題を解き、移動時間は暗記系に使った。

③本番の時間配分、絶対的注意点

　過去問を解いて時間に余裕がなかった科目は、特に時間配分を意識した。解けない問題には時間を割かない。瞬時に見極め、解ける問題だけに時間を使う。合格できるだけの知識を持っていても、時間配分を間違えるだけで不合格になってしまう恐れがあるからだ。合格するためには、時間切れは絶対にしてはいけない。

④最後まであきらめないこと

どこでも、とにかく、呪文のように暗記ものを唱えていた。試験開始の１分前まであきらめない。早く解き終わっても、終了まで何度も見直した。実際に「経営法務」、「経営情報システム」、「中小企業経営・中小企業政策」などでは、ホテルで覚えた内容が５問は出題された。このうち２問を落としていたら、私は不合格だっただろう。だからこそ、皆さんにも最後の最後まで粘ってほしいと強く願う。

(6) 受験生へのメッセージ

①時間面からみた選択と集中

私は隙間時間にフォーカスして勉強し、朝や夜にまとまった時間を確保する努力を捨ててきた。自分が確実に確保できる時間を見つけ、絶対に崩れないペースをつくる。これが、私が伝えたい勉強のペースを確保する最大のコツである。あなたのライフスタイルに一番合った時間に集中できる環境を整えるべきである。

②気持ちの面からみた選択と集中

診断士試験は難関であり、長く孤独な闘いである。受験勉強をしていると、膨大な情報に翻弄され、さまざまなことに気持ちが奪われそうになる。「本当に合格できるのだろうか」という不安、「そもそも診断士ってこんなに苦労して取らなきゃいけない資格なのか」という疑問……。気持ちを揺さぶられる中で、いかに合格に狙いを定め、モチベーションを維持できるかが大切である。

私は、過去問を解いて平均点にも満たないことが多かった。また、特に得意といえる科目もなかった。さらには、直前の予備校の模試はC判定だった。そのような状況で、弱気になってあきらめてしまいそうになったり、不安になって情報収集に逃げたくなったりすることもあった。客観的事実を突きつけられたのだから、不安になるのも当然である。

そのような状況であったが、最後の最後まで粘り抜くことの大切さを私は知っている。私の教え子、学生時代の仲間、仕事の同僚……。粘り続け、最後の最後

に勝利を勝ち取ってきた人たちを私は何人も見てきたのだ。私にもできるはずだ。だから、最終科目の試験終了の合図が鳴るまで気を抜かず、1問でも多く取る貪欲な姿勢で取り組んだ。結果的には、合格ボーダーの合計点数を5点上回り、1次試験に合格することができた。

③あなたのスタイルを確立し、合格まで走り抜けよう

　私が受験生活を通して感じたことは、結局は自分との闘いであるということ。必殺技はない。しっかりと現状を把握して、合格するために今、自分がやらなければならない課題を明確にして、一つずつクリアしていくしか合格への道はない。着実にペースをつくって、勉強を続けていく工夫こそが肝である。あなたのペースで合格まで走り抜ける勉強のスタイルを確立してほしい。そのことに、私の体験が少しでも役に立てば幸いである。

3 25年続けた趣味を封印して 一発合格

(1) 関連資格の取得で事前勉強

①挑戦の始まりは低いハードルを超えることから

20代の頃から、「いつか取得できたらいいな」と思っていた診断士の資格。ずっと憧れてはいたものの、科目の多さや必要とされる勉強時間を知って、なかなか行動に移せずにいた。

2015年に結婚して30代の半ばに近づき、今後、家族を養っていくにあたり、「このままでいいのだろうか」と、自問自答をするようになった。そんな時にふと、診断士の資格を思い出し、「この資格を取得できれば、間違いなく自分の人生を変えることができる。難しいことはわかっているけれど、チャレンジしてみよう」と受験を決意した。

とはいえ、いきなり診断士の資格取得は難しいと考え、診断士と関連のある資格を調べて、取得することから始めた（図表2-3-1）。

②実際に取得した資格

a. 日商簿記3級で「財務・会計」の基礎を学習

「財務・会計」が合否を分ける重要な科目と認識していたので、少しでも事前に勉強しておいたほうが良いと思い、日商簿記3級にチャレンジ。一度は失敗したものの、仕訳や減価償却の考え方を理解することができた点がプラスになった。

b. ITパスポートで「経営情報システム」の概要をとらえる

1次試験の受験を考えていた2015年当時は、「経営情報システム」の難易度が高かったため、少しでも予備知識を増やしておいたほうが良いと思い勉強を開始した。「経営情報システム」だけではなく、セル生産方式など「運営管理」

図表 2-3-1　関連資格取得から 1 次試験受験まで

項目		2015年				2016年											2017年
		9月	10月	11月	12月	1月	2月	3月	4月	5月	6月	7月	8月	9月	10月	11	8月
趣味の活動	-		演奏会							練習	練習	練習	練習	練習	演奏会⇒休団		
関連資格	FP3級	試験○															
	FP2級			勉強	勉強	試験○											
	色彩検定®3級		勉強	試験○													
	色彩検定®2級									勉強	試験○						
	知的財産管理技能士3級							試験○									
	日商簿記3級						勉強	試験×		勉強	試験○						
	ITパスポート								試験○								
受験予備校	-											申込	通学開始	勉強			
1次試験	-																試験本番

に関係のある内容も掲載されていたので、事前に学習できてよかったと思う。

c. 知的財産管理技能士3級で「経営法務」の知的財産を学習

　知的財産管理技能士は「経営法務」と関連のある資格である。「経営法務」は例年平均点が低く、相対的に難易度が高い科目であることは認識していたため、知的財産管理技能士3級の勉強をしておくことにした。特許や商標、著作権等、知的財産に関する基本的な知識を身につけることができた。

d. ファイナンシャル・プランニング技能士が「財務・会計」、「経営法務」の助けに

　こちらは診断士のことは意識していなかったが、2015年当時、保険を見直していたため「知識として持っていれば、何かの役に立つだろう」と思い、ファイナンシャル・プランニング技能士（以下、「FP」）3級に続き、2級まで取得した。FP3級は約50時間、FP2級は約150時間勉強をしたが、この段階でこれ以上の難易度の資格は、独学での合格は難しいと感じた。

　結果として、一部ではあるが「財務・会計」のオプション取引や、「経営法務」の相続に関わる遺留分等が、知識として役に立ったと感じている。

e. 色彩検定®3級／2級の内容が何と「運営管理」の学習範囲に！

　こちらも、診断士の勉強というよりは、自身の日頃の業務のために取得した資格である。当時、クリエイティブに関わる仕事をしていたため、広告物のデザインやコピー、配色について、毎日仕事で接していた。だが、色について体系的な理解をしていなかったため、知識を整理しようと色彩検定®3級と2級を取得した。この資格は診断士と関連性がないと思っていたが、「運営管理」の勉強中に、色彩検定®で学んだ色の見え方が盛り込まれていたことに驚いた。

(2) 25年続けた趣味のトロンボーンを封印して覚悟を決める

　私の趣味はトロンボーン演奏で、2015年当時、大学のOB楽団に所属して活動をしていた。小学校4年生の頃から始め、中学校、高校、大学、さらには社会人になってからも継続していたので、自身の生活の一部ともいえる趣味であり、約25年間、演奏活動を継続していた。

　所属している楽団の演奏会は、毎年10月に開催される。ちょうど2次試験と重なるタイミングであったため、診断士の勉強は、なかなか始められずにいた。演奏活動を続けながら勉強をしたいと考えていたが、診断士の勉強と趣味の両方を継続するのは難しいと判断した。2016年に関連資格の取得が済んだこともあり、「合格するまでは絶対に楽団に戻らない」と強く決意し、楽器を封印した。25年継続してきた趣味をやめることは、自分自身にとって大きな決断であった。

(3) 受験予備校に通い、学習仲間と切磋琢磨の日々

　2016年の9月から受験予備校に通い始めた。1次試験まで約1年間にわたって勉強を続けることができるか不安であったが、科目の講義が終了した段階で行われるテストで、自分が全体の中でどの位置にいるのかがわかったので、途中途中で、自分自身の遅れに気づくことができた。学習仲間と切磋琢磨することで、1年間モチベーションを維持することができた。

（4）隙間時間を最大限に活用した学習

①電車の移動時間をフルに活用

受験予備校の講師が「合格者は隙間時間を上手に活用している」と話していたので、電車の移動時間中は問題集を勉強する時間に充てるようにした。電車が多少混んでいても勉強するなど、寸暇を惜しんで勉強することを心がけた。

②会社の休憩時間も短時間で集中

会社の休憩時間中も、近くの喫茶店で勉強した。睡魔に負けてしまったことは多々あったが、短い時間でも集中して取り組むことで、時間の使い方が上手になったように感じた。

③トイレの貼り紙で頭に叩き込む

地味だが意外と効果的だと感じたのが、トイレの貼り紙である。覚えられなかった「財務・会計」の公式は、トイレに入ったら必ず目に入る場所に貼り紙をし、ブツブツと言葉に出すことで、頭に叩き込むようにした。

（5）学習アプリを活用して、毎日の勉強を習慣に

①1分でもいいので、1日たりとも勉強を途切らせない

受験予備校に通い始めて2ヵ月ほどたった頃、勉強仲間との飲み会で、学習アプリを使って勉強時間を可視化している人の話を聞き、取り入れることにした。

ところが、アプリを活用して勉強が習慣化し始めたころ、風邪をひいて勉強を中断してしまう時期がきた。治ったら勉強しようと思ってはいたが、過去の習慣がくずれ、勉強しない日が続くようになってしまった。

このアプリを自分に教えてくれた人は、「どんなに忙しくても、毎日勉強を継続している」と言っていたのを思い出し、「体調をくずしても、仕事がどれだけ忙しくても、1日1分でも1問でもいいので勉強する」と決めて、毎日必ず、勉強する時間だけはつくり出すようにした。

これ以降、約8ヵ月間、1次試験の日まで毎日、時間の長短はあったものの、1日も欠かさず勉強を続けることができた。

②月間の目標時間を可視化

毎月80〜100時間、1次試験までに1,000時間勉強する目標を立てた。アプリに毎週立てた目標を達成できたかどうかフィードバックされる機能があったので、モチベーションの維持に大いに役立った。週のはじめに設定した目標が、途中で変更できないようになっていた点も良かった。最初の頃はアプリを見ていてもあまり実感がなかったが、勉強をするたびに累計の勉強時間が表示されていくため、「ああ、もう500時間勉強したんだな」など、これまでの努力が目に見える形で表れるため、自信につながったように思う。

最終的には当初の目標通り、約1,000時間の勉強をすることができた。

(6) 周囲の理解と協力

①妻の協力

a. 語呂合わせの考案

「中小企業経営・中小企業政策」については、妻に語呂合わせを考えてもらって、覚えるようにした。語呂合わせを歌に乗せると覚えやすかったのでおすすめである。聴覚を刺激することで、脳裏に焼きつけることができたように思う。

b. 勉強する時間帯と内容の見直し

本番まであと2ヵ月となった6月、勉強しても勉強しても、なかなか覚えられず、少し焦りが出始めていたころ、妻が勉強法の本を買ってきてくれた。夜に勉強した内容を朝、見直すと記憶が定着しやすいとのこと。実際にやってみたら、少し効果が出たように感じた。

②職場の理解〜試験1週間前の夏季休暇

試験1週間前からは、いよいよ最後の追い込みになる。夏季休暇を取り、受験予備校の自習室にこもって猛勉強した結果、無事に一発合格を果たすことができた。職場の理解があってこそ合格することができたと思う。

（7）これから受験をする方へのメッセージ

①最後まであきらめない心

1次試験は丸2日かけて行われる。時間が余っても早々に退席せず、最後まで確認を徹底するよう受験予備校の講師から言われていたため、試験中は問題文と解答用紙を何度も見直し、最後まであきらめずに確認をした。これを徹底したことで合格できたように思う。見たこともない問題もあれば、2択までは絞れるが最後の選択に悩む問題も多々あった。

試験を終え、自己採点した結果は431点。「絶対に1回で合格する」という強い執念で臨んだことで、運を呼び込めたように感じた。

②「なぜ診断士になりたいのか」を明確に

診断士の勉強を開始する前に、勉強法の本を1冊読んだ。その本には「『なぜ勉強をするのか』を言語化することが大事である」と書いてあったので、自分自身が診断士の資格を取りたい理由を言語化した。これにより、辛いことがあっても、この言葉に立ち返ることで、気持ちを奮い立たせて勉強することができたように思う。長期間にわたる勉強になるので、目的意識があるのとないのでは学習の成果が大きく変わるように感じた。

③「応援してくれている人のためにがんばる」という気持ち

「自分一人でやっているのではない。応援してくれている人がいる」と思うことで、全力で取り組めたと思う。勉強中に、とある診断士のブログを見ていて「勉強を始めて1年目は、自分のために勉強していたが不合格。2年目は、人のためにがんばろうと思って勉強することで合格した」といった内容が書いてあったのを覚えている。

これを見て、妻や友人、職場など、まわりの人の応援があって勉強させてもらっているという感謝の気持ちを忘れず取り組んだ。自分一人ではないことを忘れず、常に謙虚な気持ちを持ち続けることが、勉強への意欲や執念、結果にも結びついたと感じている。

4 戦略のないまま、5回も受験

（1）格闘の始まり

「佐藤くんも中小企業診断士資格を取ったほうがいいよ。佐藤くんならすぐ取れると思うし、現在の仕事にも役立つと思う」という先輩の甘い言葉がすべての始まりだった。

当時、私は20年間勤めたNTTを退職して、自分の会社を立ち上げていた。ホームページ制作や動画制作を行う小さな会社であったが、地元の中小企業を中心に仕事が徐々に増えてきていた。

中小企業診断士という資格を知ったのもこの時であり、もし簡単に取れるなら、今の仕事と関係あるから取ってみようかなと軽い気持ちで受験勉強を始めたのであった。

最初に受験した年は、実質3ヵ月程しか勉強をしなかった。まったくわからない問題ばかりであったが、解答はマークシート式であったため、まぐれで受かる人もいるだろうと考えており、自分もその1人になる気になっていた。しかし、ふたを開けてみると、1科目も合格せずに1年目の試験は終わっていた。

自己採点の時、この資格試験の難しさを初めて知り、「こうなったら、絶対受かってやる」と強く思ったのだった。その時から問題集も過去問もしっかりと読み込み、受験校のテキストをむさぼるように読んだ。来年の受験まで1年以上もあるのに、自己採点の翌日から計画なく猛勉強を始めたのだった。

惨敗の不合格から1年間、朝も、昼も、夜も、試験勉強漬けの1年間で、総勉強時間は1,500時間となった。相当な自信を胸に2年目の受験に挑んだが、結果は「中小企業経営・中小企業政策」しか合格しなかった。

自己採点をすると、合格した科目以外は50点台であった。自分が得意とする

図表 2-4-1　受験年度と合格した科目

受験年度	受験した科目	合格した科目
2013 年度	全科目	なし
2014 年度	全科目	中小企業経営・中小企業政策
2015 年度	中小企業経営・中小企業政策以外の6科目	経済学・経済政策、財務・会計、経営法務、運営管理
2016 年度	企業経営理論、経営情報システム	企業経営理論
2017 年度	経営情報システム、中小企業経営・中小企業政策	経営情報システム、中小企業経営・中小企業政策

科目であった「経営情報システム」も 56 点と得点源にならず、不合格の科目は
すべて「あと一歩及ばず」といった状況であった。

(2) 2回目の受験で心が折れた時の父のひとこと

　1年目の時とは違い猛勉強したにもかかわらず、「中小企業経営・中小企業政
策」の1科目しか合格しなかった。家族も友達も、私が勉強していることを知っ
ている。付き合いをセーブして勉強していることも知られている。何か恥ずかし
い気持ちや悔しい気持ち、犠牲にしてきた人たちへの申し訳ない気持ちがあふれ
て「もう無理かな。チャレンジするのはやめようかな」と思い始めていた。

　そんな時、肺を患っている父が急遽入院することになり、お見舞いのために帰
省することになった。病院のベットで酸素マスクをしている父が「試験落ちたの
か…」、「でも、あきらめずにまた来年受けるんだろ？」、「あきらめずに合格する
まで受け続けろよ」、「あきらめてしまえば、そこで失敗になる」、「挑戦をやめな
ければ、それは過程だからな」とニコッと笑って言ってくれた。その父はその翌
月に亡くなってしまった。

　あきらめかけていた気持ちにまた火がついて、勉強の仕方がまずいのではない
かと思い、これまでのやり方を変えてみた。

（3）過去問を徹底的に攻略する

　しかし、1次試験合格までには、まだ6科目が残っていた。「企業経営理論」、「経済学・経済政策」、「財務・会計」については、時間をかけて徹底的に攻略した。一問一問について、解答解説のオリジナルブックを作成し、なぜその解答になるかを解答集として作成したのだった。じっくり時間をかけることと、解答を文字に書き起こして説明することで腹落ちすることができた。

（4）暗記系の科目を攻略する

　一般に暗記系といわれる「運営管理」、「経営情報システム」、「中小企業経営・中小企業政策」については徹底的に暗記を行った。ちなみに、私の暗記方法は少し変わっていたと思う。

　受験校の自習室を使っていたのだが、「運営管理」を覚える部屋、「経営情報システム」を覚える部屋、「中小企業経営・中小企業政策」を覚える部屋と、自習室をそれぞれの科目に分けていた。

　それぞれの部屋の風景、窓から見える景色などと一緒に暗記するようにした。これは科学的にも実証されているのだが、ただ単に暗記するよりも、何か別のアイテムと紐づけて暗記することで、記憶に定着しやすいという。

（5）魔の経営情報システム

　3年目の受験では「経済学・経済政策」、「財務・会計」、「経営法務」、「運営管理」が合格した。「企業経営理論」については58点とあと一歩届かず、「経営情報システム」は40点台と不振に終わった。

　ここからまた1年間、「企業経営理論」と「経営情報システム」の勉強が始まったのだ。2科目ということで、以前から比べると負担は少なく、その分徹底的に時間をかけて取り組むことができた。

　「企業経営理論」については、例年、難化・易化といった大きな変動はない。「経営情報システム」は2年連続で難化したので、来年こそは易化するだろうと

心のどこかで思っていた。

　そして4年目の受験を迎えたのだが、思いに反して「経営情報システム」は、さらに難化してしまったのである。しかも、この年は得点調整が入るほど難化した。完全に受験校の定説を裏切った形になったのだ。案の定、「経営情報システム」は得点が足りず、この年は「企業経営理論」だけの合格となった。

（6）専門の驕り

　私はNTTの出身で、独立した後もホームページ制作会社を起業し、小さいながらもIT会社を経営していたので、「経営情報システム」に対してどこかに驕りがあったのかもしれない。

　確かに受験校の答練や模試では常に高得点を取り、1次試験の一番の得点源と考えていたのだが、まさか、最後の最後に残る科目が「経営情報システム」とは想像もしていなかった。完全に想定外である。

　よくよく考えてみると、確かにとても難しい問題が多くあったが、固定概念にとらわれず素直に読めば解ける問題もあったのではないかと今でも思う。

（7）中小企業経営・中小企業政策を再受験

　5年目の受験では、最後まで残った「経営情報システム」と免除期間を超えた「中小企業経営・中小企業政策」を受験した。どちらも暗記系の科目であったので、以前と同様に「自習室を分けて暗記する方法」で徹底的に覚えた。結局、この年の「経営情報システム」は易化して高得点を取ることができた。「中小企業経営・中小企業政策」も徹底的に暗記を行い、こちらも高得点を取ることができた。ようやく1次試験の地獄から脱出できた瞬間であった。

（8）5回も受けてわかったこと

　結局、1次試験は5回受けて、やっと合格できたのである。2次試験で何年もかかったという人は多いように思うが、1次試験に複数年かかったという人は2

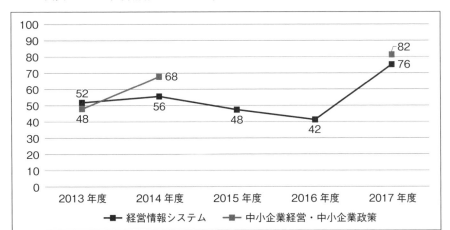

図表 2-4-2　経営情報システムと中小企業経営・中小企業政策の得点推移

受験年度	2013 年度	2014 年度	2015 年度	2016 年度	2017 年度
経営情報システム	52	56	48	42	76
中小企業経営・中小企業政策	48	68	−	−	82

次試験ほど多くないと思う。

　1 次試験を 5 回受験して、わかったことがある。それは、自分の闘い方には戦略がなかったということである。得点の積み上げシミュレーションを行わず、1 科目ずつ科目合格を積み上げていったので、けっこう時間がかかったのだ。

　そもそも得点源である「経営情報システム」で十分に得点できなかったこともあるが、「中小企業経営・中小企業政策」のような高得点が稼げるものについて、毎年受けてみるという戦略があっても良いのではないかと思った。この科目は、暗記一発で高得点が稼げるのである。私の場合、「中小企業経営・中小企業政策」は、結局 3 回受けたのだが、2 年目の時も 68 点取れている。

　「中小企業経営・中小企業政策」の学習で得た知識は合格後の診断士活動においても、とても重要になってくるはずである。

(9) 中小企業経営・中小企業政策は毎年受けてみる

　「中小企業経営・中小企業政策」は、診断士活動において欠かせない知識である。個人的には、診断士試験の最も中核になる科目だと考えている。この知識がなければ、診断士活動はできないとまで思っている。

　私の後悔でもあるのだが、毎年受けても良い科目だと思っている。中小企業白書を通して中小企業の今の課題を理解し、その課題に対して、国がどのような支援を行っているかを知らなくてはならないと思う。

(10) 診断士活動に活かされている1次試験の知識

　私はすでに独立して自分の会社を経営しており、経営コンサルティングを新しい事業として行っている。2019年に診断士登録を行い、すでに診断士活動を行っているのだが、日々の活動の中で1次試験の知識を使う場面が非常に多い。

　「企業経営理論」、「経営情報システム」、「中小企業経営・中小企業政策」等は、その最たるものである。今、振り返ってみると、これらの科目を何年も何回も受験したことが、かえって良かったのかもしれないと考えている。

(11) 受験生へのメッセージ

　私から受験生へのメッセージは、まさしく父が私に言った言葉「あきらめてはいけない。合格するまであきらめずに受け続けてほしい。あきらめてしまえば、そこで失敗になる」である。

　もう1つ伝えたいことは、戦略をもって闘うことである。この資格試験は、得点戦略が重要なポイントである。どの科目でどのくらいの得点を積み上げていくか、どの科目を得点源とするのかを緻密に計画するのである。得点戦略を立てる時にはぜひ「中小企業経営・中小企業政策」を中心に得点源を考えることをお勧めしたい。

5　生活リズムを変えて計画的に科目合格

　診断士の1次試験は、広い範囲の知識が求められる7科目から構成されている。最初から全科目に精通している人は稀なので、合格に辿り着くには高いモチベーションを維持し学び続けることが不可欠だろう。

　私にとってモチベーションを阻害する最大の要因は、勉強時間の制約と理解不足や忘却の繰り返しによる自信喪失だったので、試験勉強中は一貫して時間の捻出と忘れない仕組みづくりに苦心した。

　万人に当てはまる方法ではないと思うが、私のとった方法をご紹介するので、今後受験される方の参考の1つになれば幸いである。

（1）科目合格狙いの取捨選択

①科目合格制度を最大限に活用する

　1次試験で大事なポイントは、科目合格すれば2年間受験免除になるため、一発合格できなくても翌年再チャレンジできることだと思う。

　自分自身、初年度に学習範囲のボリュームをみて到底時間が足りないと感じたので、まずは科目合格を目指し、科目を絞り込んで受験することにした。

　学習計画を立てるにあたり、現実的な落としどころを見極めるため、テキスト、問題集を一周するのに必要な見込工数を積算し、余裕率として多少割り増しして科目ごとに合格までの想定工数を割り出した。一方で、試験当日までに割けそうな勉強時間を具体的に見積もり、同様に掛け目として80％程を乗じて、粗々の学習計画を作成した。なお、マイルストーンを置ければ十分なので、あまり細かい与件にこだわらず、精緻に計画をつくる時間があれば、勉強時間に割いたほうが良いと感じている。

②ポジショニングマップを作成して科目合格計画を概観する

　次いで、科目の絞り込みをするにあたり、自分自身のポジショニングマップを作成し優先づけをした。試験範囲のボリューム感（テキストの厚み、問題の量）を定量面（縦軸）とし、定性面（横軸）として、先述の工数見積時に確認した印象、実務経験や保有資格などを勘案した自分自身の得手不得手を置いた。私のポジショニングマップは、図表2-5-1の通りである。

　合格のしやすさは、①＞②＞③＞④の順だと考えた。不得意ゾーンは取っつきにくさを感じたので、まずは③を中心に①も終わらせるべく、絞り込みを行った。科目合格後は心理的な撤退障壁ができ、実績ができたことで合格する自信が生まれ、より学習に身が入るようになり、科目合格狙いにして良かったと感じている。

図表2-5-1　科目合格に向けたポジショニングマップ

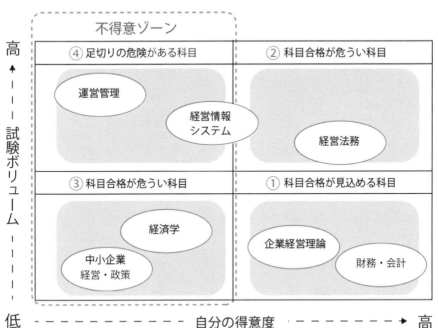

（2）生活リズムの変更による効率改善

①生活リズムを変更した理由

　私は元来は夜型で、仕事帰りにカフェやファミレスなどに立ち寄り、遅くまで勉強するスタイルをとっていた。ただ、仕事帰りの勉強は疲れと眠気で集中できず、時には問題を解きながら寝てしまい、閉店間際に店員に起こされることもあった（思い返せば迷惑な客だったと思う）。そこで、**図表 2-5-2** のように、思い切って生活リズムを転換し、朝方に切り替えることにした。

②朝型生活にすることで得られたメリット

　夜型から朝型にすることで、多くのメリットを享受できたと考えている。思いついたものを列挙したい。なお、何よりも朝のスッキリした頭で勉強に取り組めて集中力が大幅に向上したことが最大のメリットと感じており、合格後も朝型の習慣は継続させている。

　・出勤時間という制約条件が締切効果になり、集中力が増幅される。

図表 2-5-2　生活リズムの変更

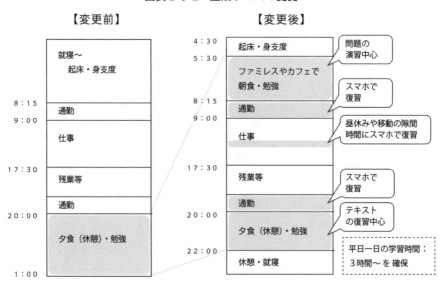

・平時からカフェやファミレスでの勉強が中心だったので、朝のほうが客が少なく、環境的に集中しやすい。

・モーニングサービスがある店が多く、コストパフォーマンスが高い。

・前向きに学習に取り組むモチベーションが向上する。

（3）忘れない工夫について（マインドマップ® を活用した復習の効率化）

①マインドマップを活用した理由

　試験勉強の中盤以降になると、積み上げた学習量が増え、復習の量も膨大になってくる。ここで記憶と忘却の間に負のサイクルが生じると、学習ペースが落ちて学習計画が遅延する一因となり、モチベーションにも悪影響を及ぼし始める。私は進捗遅れが顕在化するにつれ、何かしら記憶を定着させる工夫や復習方法の効率化の必要性を感じ、試行錯誤した末に、マインドマップを活用することにした。

　なお、マインドマップの詳細については、関連書籍が多数出版されており、インターネット上で検索しても、作成方法や活用方法を紹介したさまざまな媒体が出てくるため、興味のある方はそちらもご参照いただければと思う。

②マインドマップの活用メリット

　マインドマップの作成には、必要項目の洗出しとテーマ間の関連づけが重要になる。綺麗にマッピングできないことは、知識整理不足の裏返しといえ、作成するだけでも頭の中の整理が促進されるので、良質なアウトプットになる。

　そして、マインドマップは1枚にテキスト10ページ以上の知識を集約できるので、作成したマインドマップを活用すれば、効率的な復習が可能になる。全体のつながりと流れを概観しながら復習できるので、忘れかけている箇所を効率良く洗い出せ、理解や知識の定着が促進され、忘却のサイクルから抜け出す助けになると感じている。

③マインドマップの作成で気をつけたこと

　私がマインドマップの作成にあたり、特に重視したことは以下の通りである。

・テキストの丸写しではなく、簡潔に自分の言葉で要約して書くこと。
・文字だけでなく、イラストや図も補記し、一目で関連性がわかるようにカラフルに色を使い視認性を高めること。
・手書きの場合は、A3用紙など大判に書き、消えるボールペンを用いて柔軟に修正していくこと。

④作成したマインドマップをとことん有効活用する

　私は作成したマインドマップをスキャンして、オンラインストレージ上に保存し、スマートフォンからアクセスして、幾度も繰り返し読み返した。私の利用する通勤電車は混雑する路線なので本を広げることは難しかったが、スマートフォンの閲覧くらいはできたので、通勤時間中にテキストの代替として何度も読み返し、随分記憶の定着を図れたと思う。

（4）勉強方法について

①過去問を主軸に置いた問題演習

　私は試験合格レベルを知る最良の方法は過去問だと考えている。自分自身、過去問を早くものにするため、暗記する程に解きまくろうと思い、学習計画の最重要項目に組み込んだ。

　過去問、問題集、模試などは成果が見えやすく、小さな達成感を得ることができ、ベイビーステップでも積み重ねることで着実に合格に近づいていることを実感できると思う。

②学習進捗状況のチェックリストの作成

　過去問や問題集について、学習進捗状況のチェックリストをエクセルで作成した。縦軸に問題番号、横軸に解答状況を入れる方眼用紙型のシンプルなシートで、一度解答して間違えたものや迷ったものについては、次回解答する日を升目の中に記入しておき、再解答したら斜線を引き、次の復習予定日を記入するという形で利用した。なお、復習サイクルは著名なエビングハウスの忘却曲線の学習サイクルを参考にした。

　また、全部復習する時間的な余裕はないので、記入する時のペンの色を複数使い、復習タイミングの濃淡管理を行った。解いた回数が増えるほど定着率が上がるので、1回目の復習は赤文字で日付を記入し、2回目（1週間後）はオレンジ、3回目（2週間後）は緑色で記入し、暖色系の解答回数が少ない問題を優先的に復習するといった具合である。加えて、間違えたら赤文字にしていたので、赤が続くと同じ問題に何回も解答することになるが、むしろそれくらい愚直にやり込んだほうが良いと思う。

（5）これから受験する方へのメッセージ

　中小企業診断士試験に合格した後は、企業内診断士という立場でも、実務補習や実務従事など、中小企業診断士同士でチームを組んで経営診断を行う機会が得られる。その際に、人事／財務／マーケティング／情報化／生産管理など、さまざまな切り口からチームで議論や分析を行い、経営に関する最適な助言を検討するが、これらの知識ベースは1次試験の学習範囲によるところが大きい。

　すなわち、1次試験で学ぶ内容は、中小企業診断士同士の共通言語になると言っても過言ではないように感じている。受験勉強時には苦しい時期もあるかもしれないが、診断士として活躍する上で、共通言語になる知識を固める必要な過程と考えて、ぜひ最後まで頑張っていただければと思う。

　本書を読まれた受験生の皆さま方の合格を、心より祈念している。

第3章

私はこうして
2次試験に合格した

1 通信教育で一発合格

2018年12月7日（金）10：00、中小企業診断協会のホームページに「口述試験を受験する資格を得た方の受験番号」が表示された。自分の受験番号があった。1次23.5%×2次18.8%＝4.4%（単純計算）の合格率を突破できた瞬間だった。就業時間中だったので、心の中で万歳を叫んだ。

（1）勉強手段として通信教育を選択

①勉強手段の選択

ちょうどその1年前、診断士試験を受けることを決意し、勉強手段をどうするか思案した。

試験は1次・2次がある上、1次試験の科目は7科目と多く、もともと合格まで3年かかると予想していた。まず受験予備校に通うことを考えたが、やはり費

図表3-1-1　初学者向け2020年度1次・2次ストレート合格コース比較
（2019年11月時点）

項目	スタディング	K予備校	L予備校	O予備校	T予備校
学習法	Web	通学	通学+Web	通学	通学+Web
講座数	164	123	91	97	98
うち1次	107	97	71	73	77
うち2次	48	26	20	24	21
受講料（税込み）	¥63,690	¥272,800	¥234,000	¥254,600	¥307,000
合格祝い金	¥10,000	-	¥30,000	-	-

用が20数万円と高くつくし、通学の時間もとれそうにない。書籍による独学は
すぐに投げ出してしまいそうで、続けられる自信がなかった。

　ネット検索で見つけたWebの通信教育のうち、「スタディング」（当時「通勤
講座」）という通信教育が、パソコンでもスマホでもいつでもどこでも受講でき
るという便利さ、費用面でも自分に合っていると思い選択した。

②通信教育での勉強法

　この通信教育を次のように利用した。私は通勤時間が短く、乗車時間は5分ほ
どなので、車内でビデオを見る時間はない。そこで健康のためも兼ねて徒歩通勤
することにし、音声のみをスマホで聞きながら勉強することにした。片道35分、
往復で70分、それに昼休みの散歩20分も加えて1日90分、まず講座を聞いた。
各単元の講座の後に確認テストがあるので、それを昼休みの残り時間や終業後、
時には入浴中の時間も使って解いた。土日は自宅パソコンで勉強を進めた。家の
用もあったが、週末の勉強時間は少なくとも4時間は確保するようにした。

　そうして1次試験の1ヵ月ほど前までに、全科目一通りの学習を終えることが
できた。それまでに特にノートをとることはしなかったが、その後は理解に不安
があった「経済学・経済政策」、「経営法務」、「中小企業経営・中小企業政策」に
ついて、講座内の要点ノートを見るだけでなく、要点をノートに書き出して覚え
るようにした。

（2）2次試験の勉強法

　1次試験の正解が発表され合格を確認したのが2018年8月6日、2次試験日が
10月21日と2ヵ月半。1年目で1次試験に合格するとは思っていなかったので、
2次試験向けの勉強はそれまでまったく手つかずだった。しかし、初めて2次試
験の過去問を読んだとき「これは面白そう、やってみたい」と思えた。

①通信教育での勉強法

a. 10年分の過去問

　「スタディング」には10年分の過去問が収録されており、それぞれの与件文

図表 3-1-2　2次試験の解答作成プロセス（ロジックマップ）

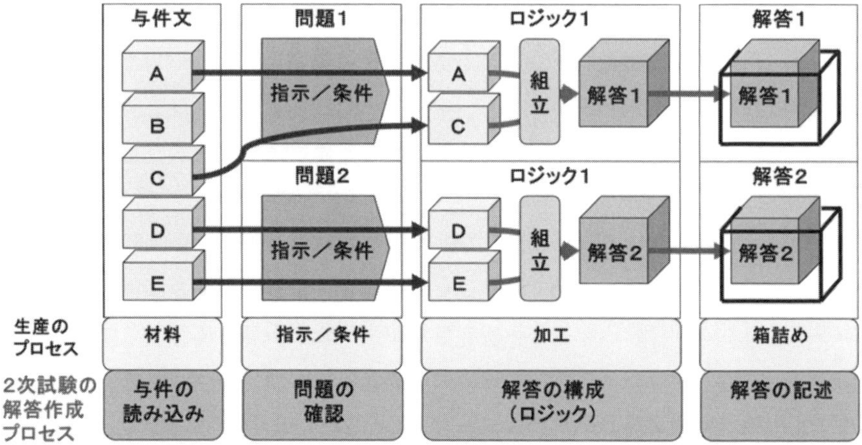

出典：スタディング「中小企業診断士 加速合格法」
　　　https://studying.jp/shindanshi/learning/02.html

（問題本文）、解説、解答例が音声データとしても聞くことができるようになっていた。まずは自宅パソコンで10年分の与件文と設問を印刷し、本番の冊子のように綴じ、80分で解いてみた。答案はマス目ノートに記入した。各設問で指定された文字数で区切り、何とか時間内で解答を作成することができた。その後、解説と解答例を確認していった。

b. ロジックマップ

「スタディング」ではロジックマップという考え方を推奨している。それは、私が2次試験の過去問を解いていく中で何となく感じていたことを明文化したものだった。具体的には、図表3-1-2のように、与件文の読み込み、問題の確認、解答の構成（ロジック）、解答の記述という流れを図式化したものである。これを本番でどのように使ったかは後述する。

②受験予備校の模擬試験

勉強期間中、どの程度の実力になっているのか知りたくなり、ネットで検索し

た2次試験に特化した受験予備校の模擬試験を受けることにした。そこで試験会場の雰囲気と時間配分を体得することができた。試験終了時にスマホで自分の答案を写メに撮って良いというサービスつきである（もちろん、本番でやってはいけない）。試験後は各々の答案の採点と解説がフィードバックされ、出題の意図や解答の導き方などの説明がWebで見られるようになっていた。費用は1万円ほどである。この模擬試験での判定は、事例Ⅰ：B、事例Ⅱ：B、事例Ⅲ：C、事例Ⅳ：A（総合：B）だった。

③書籍での勉強

また『ふぞろいな合格答案』という受験参考書を購入し、答案の書き方、作法を学んだ。たとえば「～なのはなぜか。」と問われれば「理由は」で書き始め、「～から。」または「～ため。」で書き終えるということである。

この参考書には合格答案だけでなく、不合格となった受験生の答案も収録されており、どのポイントが足りずに不合格だったのか、どのポイントが良くて合格となったのかが詳しく解説されており、とても参考になった。

（3）2次試験の受け方

①試験当日の過ごし方

当日持っていくものは、シャープペンシル2本、消しゴム2個、2色のマーカーペン、腕時計、電卓、濡らした小タオル、ペットボトル飲料とチョコレートである。マーカーペンは最重要と思われるワードをピンクで、それ以外でキーになるワードを緑のマーカーでマークした。

腕時計は机の上に、ベルトをうまく折りたたんで顔に向かって真っすぐ見えるように盤面を斜めにして置いた。試験中、ハンカチは机上に置くことが許されているが、私は濡らした小タオルをハンカチ代わりに置いた。試験中、汗ばむ手を拭いたり、時には焦って顔が熱くなってきた時にそれで冷やしたりした。ペットボトル飲料は床に置き、試験中も口にすることができる。チョコレートは休憩時間中に脳に糖分補給するためである。

②試験中の過ごし方

答えは必ず与件文の中に明示、または暗示されている。1次試験の知識を盛り込もうと意識せず、素直に与件文を読み込むことが大切で、答案を書く際に1次試験の知識を知らぬ間に使っているくらいが良いと思う。

与件文はまず、企業の概要を説明した最初の段落を読んだ後、設問文を読み、設問で問われていることを頭に置きながら、以降の段落をマーカーで色づけしながら読んでいく（問題の確認と与件の読み込み）。その後、設問文に戻り、答案のもとになる解答要素文を問題用紙の余白に書き込む（解答の構成）。解答欄にはその要素を組み合わせ、文字数に合わせて膨らましたり削ったりして解答をつくりこんでいく（解答の記述）。これがまさに「ロジックマップ」のやり方なのである。

事例Ⅰ〜Ⅲについては、60〜65分で一通り解答を記入することができた。事例Ⅳは、最初の経営分析については全員ができるとの前提に立ち、絶対に間違えないことが肝要である。一方、平成30年度の問題では、第2問（設問3）の意味が私には理解できなかった。おそらく毎年そのような難解な問題が少しはあるのだろうと思い、この問題は捨てた。

【参考】平成30年度2次試験　事例Ⅳ　第2問（設問3）（部分）

（設問3）

（設問2）で求めたキャッシュフローが将来にわたって一定率で成長するものとする。その場合、キャッシュフローの現在価値合計が吸収合併により増加した資産の金額に一致するのは、キャッシュフローが毎年度何パーセント成長するときか。

---

③試験後の過ごし方

試験後なるべく早くするべきことは、再現答案づくりである。当日中につくってしまうのが理想だが、私は3〜4日後に作成したので、再現率は8割程度だったと思う。再現答案は自分が何点くらい得点できたかをさまざまに検証するのに必要である。予備校によっては、無料で再現答案を受けつけて独自に採点（A〜

Dの4段階）してくれるところがある。私はL予備校に再現答案を送ったところ、事例Ⅰ：B、事例Ⅱ：B、事例Ⅲ：C、事例Ⅳ：Aであった。

　さらに『ふぞろいな合格答案』にも送り、分析の一助に貢献できたと思う。

④口述試験

　2次筆記試験の合格発表が12月7日、口述試験が12月16日と間がほとんどない。私は受験生支援団体2つの模擬口述試験を受けた。1つは『ふぞろいな合格答案』執筆グループが行うもので、合格発表翌日の土曜日に行われた。

　もう1つは「タキプロ」と呼ばれる支援団体のもので、翌週の水曜日（12月12日）19時から行われた。いずれも前年までに合格された先輩診断士の方々が試験官役になって模擬口述試験を行い、フィードバックをしてもらえる。費用は会場代などの実費500円ほどだった。

　基本的には2次筆記試験の与件文の内容から質問されるので、与件文の内容をよく覚えておく必要がある。もちろん、試験会場では何も見ることはできず、頭の中から知識と記憶を引き出して答えなければならない。

　もっとも、口述試験で不合格となるのは、当日試験会場に行かない、遅刻する、試験官と喧嘩する、まったく何もしゃべらない、というようなケースで、平成30年度試験でも筆記試験合格者906人のうち905人が最終合格者だった。

　この1人がどのような理由で不合格となったのかは知らないが、平成29年度試験では、遅刻をしてきた受験生がどんなに掛け合っても口述試験を受けさせてもらえなかったと聞いた。診断士は時間に厳しいのである。

⑤合格発表後にすること

　2次試験の合格発表が2018年12月25日午前10時にあり、中小企業診断協会のホームページで合格を確認できた。

　合格発表後、2次筆記試験の点数の開示を中小企業診断協会に求めた。結果は、事例Ⅰ：B（56）、事例Ⅱ：A（66）、事例Ⅲ：A（61）、事例Ⅳ：A（77）であった。

　以上、私の経験が少しでも合格を目指す方の参考になれば幸いである。

2 診断士になったつもりで勉強し、独学で合格

(1) 1度目受験の失敗から学ぶ

　私は中小企業診断士の2次試験に独学で合格したが、2度のチャレンジが必要だった。

　1度目ももちろん、一発合格を狙い準備した。2次試験では、「人事・組織」、「マーケティング」、「生産・技術」、「財務・会計」の4つの分野から事例問題が出題される。それぞれの事例の設問に対して、文字数制限がある中でその分野の知識を使って解答していく必要がある。そのため、受験勉強ではまず各分野の基礎知識を再度おさらいし、過去問分析の参考書を中心に、与件文（問題本文）の読み方、事例分析の進め方、基礎知識を活かした解答方法の勉強に力を入れた。

　今でも思うのだが、このような2次試験に対応した基礎知識の再学習、事例分析の進め方の勉強は非常に大事な基礎をつくってくれた。また、1次試験の受験勉強に比べて、より知識を活かせている楽しさも味わえた。

　しかし、初回のチャレンジは3科目がギリギリの合格、1科目が不合格で、総合点では「不合格」だった。診断士の受験勉強でも、PDCA（Plan-Do-Check-Action）のサイクルを回しながら、結果を精査し次に活かすことの大事さを学んだので、初回チャレンジのプロセスを振り返りながら自分自身の課題分析を行った。

(2) 2度目のチャレンジで2次試験のとらえ方を変えた

　1度目の受験で感じたのは、時間と文字数制限の中で一貫性のあるストーリーを仕上げていく難しさだった。盛り込みたいポイントが書き切れていないうちに、解答用紙のマスが埋まってしまいそうになり、書き直しで大切な時間を消耗

し、気持ちも焦ってしまう場面もあった。全体に目を配りながら、要点をバランス良く各設問の解答に盛り込めるようになるためには、それまでの勉強方法では足りなかった。

　改めて2次試験とは何かを考え直すと、2次試験は診断士としての診断能力を検証する試験であり、各事例の設問に対する解答は、事例企業の診断報告書になる。80分の間で現状を分析した上、改善点を明確にし、改善提言を一貫性のあるストーリーで、わかりやすく端的にまとめなければならない。つまり、診断士としての感覚、ストーリー構成力、そして「書く」というアウトプット力が非常に大事であることに気づいた。

　課題がはっきり見えてきた。次のチャレンジに向けて、診断士マインドを鍛えると同時に、勉強でインプットした知識を試験会場で遺憾なくアウトプットできるように、「書く」というアウトプット中心の訓練をしていくという方向性を決めた。

(3) 診断士になったつもりで

　1度目のチャレンジでわかったのが、診断士の目で経営診断をしているつもりで問題に臨む感覚が大事だということである。自分はまだ診断士ではないが、限りなくその感覚に近づけるようにしたいと思った。

　そこでまず『こんなにおもしろい　中小企業診断士の仕事』（中央経済社）という本を手にした。この本を通じて、診断士の資格の魅力、日常における診断士の知識の活かし方、または資格取得者の活躍の場面について、具体的なイメージをつかむことができた。

　また、診断士感覚を身につけるように、以下のことを心がけた。

①事例学習で診断の経験を増やす

　経営診断の経験と実績が診断の質に直結する。過去問や『中小企業白書』（中小企業庁）の事例をその企業を診断・助言しているつもりで学習すれば、診断士の診断経験に近づくことができると思った。

なるべく多くの事例に触れるように、9年分の過去問、2年分の中小企業白書の事例を勉強した。過去問の勉強は『ふぞろいな合格答案』（以下、『ふぞろい』）（同友館）を中心に行った。事例勉強の際に心がけたことは、参考書で覚えた分析の視点を意識しながら、当該企業を診断しているつもりで進めることだった。

　このようにしてある程度の業種がカバーでき、各業種の中小企業の経営環境、直面している課題に対する理解も深まった。また、中小企業白書の事例勉強で、中小企業の経営革新の動向もわかった。

　試験では関連分野の知識を活かして解答を作成する必要があるため、事例学習では、常に基礎知識に原点回帰できるように、1度目のチャレンジで使用していた『中小企業診断士2次試験合格者の頭の中にあった全知識』、『中小企業診断士2次試験合格者の頭の中にあった全ノウハウ』（ともに同友館）を引き続き基礎知識と事例分析ノウハウの参考書とした。

　事例学習にあわせて、参考書の標準解答の内容を分析することで、事例分析の進め方、ストーリーの構築方法、与件文内容の活かし方も徐々に感覚として身につけることができた。

②普段から考える習慣を身につける

　診断士になったつもりで受験勉強をすると、普段通りすぎる飲食店や美容院等の町の中小企業が、いかに地域密着型の経営を展開し、差別化しながらまわりのチェーン店と共存していくか、どのように工夫すれば地域での人気を維持・向上できるかを考えるようになった。

　たとえば、飲食店について、コストの面では大型チェーン店に比べて不利になる中、客単価を高める工夫、接客方法、ターゲットのニーズに合わせた営業時間やメニューの設定、顧客ロイヤリティを獲得する方法等、差別化の視点での気づきが多かった。

③現場に行ってみる

　製造業の現場に行くのは難しいが、商業施設なら顧客として訪れることができる。たとえば、活性化している商店街に行ってみる。イベントによる活気の創

出、来街者にとっての回遊性、快適性、店舗・商品の豊富さ、空きスペースの活かし方等において、どのように工夫されているかを、自分の身で感じ取るようにした。

　現場に身を置くと、学んだ知識が現場とつながり、参考書が言っていることはこういうことなのだと新たに気づくことが多かった。知識が回り出すことを実感して、勉強の楽しさもさらに高まった。

(4)「書く」というアウトプットの学習

　2次試験の答案作成では、短い時間の中で一貫性のあるストーリーを端的に伝える必要がある。そのため、自分には「短時間のストーリー構成力」、「端的に書く能力」の向上という課題があった。それに対して、以下の方法で勉強を進めた。

①与件文から解答要素をピックアップする練習

　試験では設問文で問われる内容を把握してから、与件文を読んでいくのが効率的である。また、多くの解答要素は与件文にあるため、なるべく早く与件文を理解し、解答ポイントをピックアップする必要がある。毎日の電車通勤の時間は、過去問の与件文の読解に使った。与件文の内容を理解しながら解答の方向性を決め、ストーリーの構成要素を拾い出し、キーワードを各設問の余白に書き込む練習をしていた。

　2次試験の事例分析では、事例企業の強み（S）、弱み（W）、経営環境における機会（O）、脅威（T）を分析し、改善提言の方向性を決めていくというSWOT分析の方法が使われる。そのため、多くの参考書では、与件文を読みながら、強み、弱み、機会、脅威をそれぞれ違う色でマークしていく方法が提案されている。

　自分の場合は、1つの事例のそれぞれの設問ごとに使える解答要素を違う色でマークしていく方法にした。2次試験の与件文では、各設問の解答ポイントが文章全体に散りばめられている傾向があると気づいたためである。この方法は、

SWOT以外の要点も漏れなくハイライトでき、解答作成の際に大事なポイントを逃したり、入れ忘れたりするのを防ぐのにも有効である。

②書く力を鍛える工夫

2次試験は1次試験と異なり、「書く」というアウトプットの試験でもある。実際に時間・文字数制限を意識しながら論理的な文章を作成する必要があるため、書くのに慣れること、そして、その場ですぐに書き出せるように、各分野の用語やキーワード、言い回しの引き出しを多く用意するという課題があった。

この課題を達成するために、書く練習に力を入れた。具体的には、参考書で勉強した基礎知識を箇条書きで書き出したり、過去問で模擬試験を行い自分自身で解答を作成したりする練習をした。また、一部の受験生が行っている標準解答の「写経」という方法も、自分の課題に向いていると気づき、書く訓練に取り入れた。

③高得点解答の写経で自分の解答スタイルを確立

2次試験では設問ごとに文字数制限が設けられており、実際の答案用紙は1行40文字のマス目形式になっている。臨場感を持って書く訓練ができるように、試験の答案用紙と同じような1行40文字の原稿用紙を購入し、『ふぞろい』の高得点解答の写経を行った。

『ふぞろい』は複数名の実際の受験生の再現答案を集めており、異なる得点レベルの答案を紹介しているため、複数の答案を比較しながら写経できる。写経の際は、このキーワードや表現は何文字になるか、より端的な表現やわかりやすい言い方はないか等を考えながら書き写した。

書くことは「運動性記憶」の効果で定着しやすいというメリットがある。各分野のキーワード、言い回しの引き出しを多数用意でき、実際の試験で解答前の的確なストーリーの構築にも役立つ。

また、写経で文字数に対する感覚も身につけられる。決められた文字数の中にいくつのポイントを盛り込むか、自分が持っている引き出しのどれを活かせばよいかも、解答の前にすばやくイメージできるようになる。解答の途中でも、残り

の文字数に応じて、より柔軟に残りの解答内容を調整できる。

　さらに、写経で複数の解答者の答案を比較分析していく中で、自分の文章スタイルに合うものを取り入れたり、より良い言い回し、書き方があるのではないかという発見も増えていく。このようにして、徐々に自分の解答スタイルが確立できた。

(5) 2度目チャレンジの合格、そして、その先

　2次試験のとらえ方を変え、診断士になったつもりでアウトプット重視の勉強法で臨んだ結果、2度目のチャレンジでは無事合格できた。

　受験勉強のプロセスを振り返りながらわかったのは、独学でも自分自身に合った学習方法を確立すれば合格できることである。そして、学習方法の改善から得られたものは、2次試験の合格にとどまらなかった。それ以上に、診断士として常に考える習慣、コミュニケーションの中で相手にわかりやすく伝えようとする心構えも大きな収穫の1つである。今後も中小企業支援や実務の中でこれらの習慣を活かしていきたい。

3 受験校に通い13年目で合格

　私は診断士試験に13年目で合格した。13年も続けられたのは、一度決めたことは最後までやり通す性格のせいであろう。懇親会等で他の診断士と受験時代の話になることがあるが、ここまで長くかかった人は稀であり、少数派であるのは間違いない。少数派の体験談ではあるが、受験校の教えや合格した仲間からのアドバイスを最大限取り込んでおり、受験生活の長い方だけに限らず役立つものと思っている。ここでは、合格した年の2次試験に向けた学習や取組みを紹介する。

（1）初受験から合格までの概略

　1年目、試験の難易度も知らず軽い気持ちで受験した。以降、毎年受験したが合格にいたらなかった。そして結婚を機に9、10年目は受験から遠ざかり、11年目に再び受験活動を開始した。開始した理由は、それまでの悔しさや、社内でSEから経営スタッフにキャリアチェンジしており直接業務に活かしたかったこと、あとは、定年後を見据えて診断士資格を取っておきたかったからだ。再開後は、3年（1次2回、2次2回）で合格した。

（2）2次合格に向けた取組み

　学習での取組みを紹介するのに先立ち、まずは、受験にあたっての主に気持ちの面での取組みを説明する。

①目的の明確化

　今一度、何のために診断士を目指すのかを問い直した。現在は経営スタッフであるため、当初の目的「経営の手段であるITの構築に役立てるため」が合わなくなっていたからである。そこで、目的を「経営の専門家として、会社員と診断

士の両方で活躍するため」とし、決意を新たにした。

②背水の陣

家族には、今年合格しなければ受験をやめると約束した。かわりに1年間、日曜日は終日学習時間に充てさせてもらった。また、この時点で1次試験を受けないことを決めた。まさに、背水の陣を敷いたのである。

③学習時間把握による自信獲得

前年までの学習で、本当に合格レベルに達しているのか不安に思うことがあった。答案練習や模試の得点が、毎回大きく変動したからである。不安は結果に悪影響する。不安を排除すべく練習は裏切らないと信じ、手帳に記録した学習時間をエクセルで毎週集計し、実績を把握しながら自信を持つよう務めた。

④ブログによる振り返りと学習意欲維持

受験期間中、学習の取組みをブログに書いた。書くことで自分の学習を客観的に振り返り、行動を修正した。また、受験生に見てもらうために診断士受験のブログを集めたWebサイトにリンクさせてもらい、ブログ経由でいただいた意見や質問に丁寧に対応し、学習意欲の維持に役立てた。

⑤あえて受験仲間はつくらない

これまで受験仲間をつくっていたが、今回はやめた。受験仲間がいると一緒に勉強したり励まし合ったりできる反面、私の場合「皆、ここはできていないから大丈夫」、「学習進度は皆と同じだから大丈夫」といった安心感を得てしまうデメリットがあったからだ。その分、ブログに力を入れた。

（3）2次合格に向けた学習時間と内容

ここからは、学習時間とその内訳を紹介する。**図表3-3-1**を確認いただきたい。口述試験終了までの総学習時間（受験時間含む）は487時間であった。1次と2次を合わせて1,000時間が目安とされているので、2次の学習で約500時間は平均的な時間といえるだろう。

月別の実績を見ると、7月までは約10～50時間、8月と9月は倍の約90時間

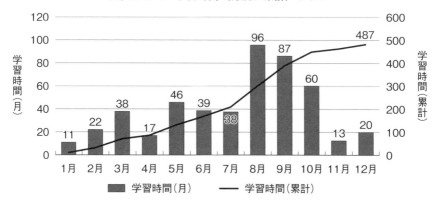

図表 3-3-1　学習時間（月別、累計）グラフ

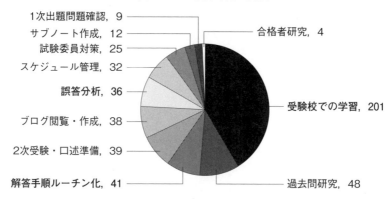

図表 3-3-2　学習時間の内訳

1次出題問題確認, 9
サブノート作成, 12
試験委員対策, 25
スケジュール管理, 32
誤答分析, 36
ブログ閲覧・作成, 38
2次受験・口述準備, 39
解答手順ルーチン化, 41

合格者研究, 4
受験校での学習, 201
過去問研究, 48

の学習となっている。倍増したのは受験校の通学コースでの学習に加え、8月からは複数の受験校の2次対策オプション講座や模試を活用したからである。

　学習時間の内訳は、**図表 3-3-2** の通りである。学習時間の約4割の201時間は受験校での学習である。私の場合は受験校での学習（後述）が中心であり、これが合格につながったと思っている。受験校以外で合格に役立った取組みは、41時間の「解答手順ルーチン化」と36時間の「誤答分析」である。

　「解答手順ルーチン化」とは、効率的に時間を活用できるよう試験開始から20

分間の手順を標準化する取組みである。与件文（問題本文）と設問を読み解答作成に関係する箇所をチェックし、どの設問から取り組むかの順番や 60 分をどの設問に何分割り当てるのかを決定するまでの手順で、答練や模試のたびに見直しして絶えずより良いものに変えていった。これにより時間不足を解消でき、あわてずに試験に臨めるようになった。

　「誤答分析」とは、設問文をノートに書き出し、なぜ間違ったのかを分析して理由を記載し、さらに自分なりの正解を書き込む取組みである。ポイントは、専用のノートを作成することである。私の場合は、同じ過ちを繰り返していることに気づけた。専用の「誤答分析ノート」作成をお勧めする。

（4）受験校を最大限活用

　受験校では通学を選択した。これまでの学習で、通信教育は自分に合っていないとわかっていたからである。今回は T 受験校の通学コースでの講義と答案練習を中心に置き、補足的に 8 月から A 受験校と M 受験校を利用した。受験校それぞれに特徴があり、学びたい内容を 1 校では満たせなかったことや、最後の受験に悔いを残したくないという思いで、複数校を活用した。

① T 受験校

　T 受験校を選んだのは、前年に立地の利便性の良さから 2 次の直前対策セミナーを受講したのがきっかけだった。「出題者の意図がわからなくても、とにかく常に合格する点数を取るためにどうするか」という合格にこだわる考え方が気に入り、また、同じ講義を何度でも聴講できる、別校舎の別の曜日に振替えが可能であるなど、利便性が高いことから選んだ。

　T 受験校では、試験対応力を身につけることができた。「与件文を抜き出し解答するだけの簡単な問題は、細心の注意を払いつつ確実に得点する」、「題意の把握が難しい問題には、無理に解答を特定せず広く網をかけるような解答をする」など、試験問題の状況に応じて合格点により近づく方法を学んだ。どんな設問であっても、0 点にはならない自信がついた。

②A 受験校

A 受験校を利用したのは、A 受験校がロジカルシンキングに基づく論理的解答作成を提唱しているのを知り、論理的な思考が弱い自分にはこれだと思ったからだ。オプション講座の DVD を 5 回分購入し視聴した。また、T 受験校にはなかった試験員対策講座を 1 回受講した。

A 受験校では、国語力に基づく問題解釈を学んだ。国語的に設問文と与件文を合わせる方法を学んだ結果、解答を書くために必要となる与件文の段落を見つけるスピードを格段に上げることができた。

③M 受験校

希望者にはアドバイス面談をしてくれる M 受験校の模試を利用したのは、前年に合格していた受験仲間の勧めである。勧めを受けてすぐに日程を調べ、申込み可能な第 3 回と第 4 回を受験した。講師との面接では「なぜその点数なのか、どこが悪くどう解答を書けば良いか」を親切かつ丁寧に指導いただき、得点アップにつながった。

さらに、講師には持参した問題用紙を見ていただき、与件文の横の余白に書かれているメモの取り方の悪さと改善方法を指導いただいた。なお、問題用紙の持参も受験仲間の勧めであった。

(5) 学習時間に現れないその他の取組み

最後に、学習時間に現れない取組みを紹介する。「良いと言われたことは何でもやる」との方針のもと、さまざまなアドバイスを可能な限り取り入れた。合格に寄与したかどうかは定かではないが、気持ちの面ではプラスに働いている。

受験校からは合格への意志を強く持つようアドバイスを受けた。そこで、学習時間を記録するエクセルに受験の目的を記載し、毎週見るようにした。

札幌で受験し合格した受験仲間からは、東京以外での受験を勧められた。ゆったりとした環境で受験できるとのことである。今回は最後の受験なので、診断士学習を始めた頃に赴任していた仙台で受験した。前入りし、会場の下見のついで

に懐かしい場所を散歩した。精神面でかなりの効果があった。

　別な受験仲間からは、鼻孔拡張テープを勧められた。早速、模試で使ったところ、鼻からの空気の通りがよくなり、とても頭がスッキリした。以降、手放せなくなった。また、試験当日の朝に事例Ⅰを途中までで構わないから解くよう勧められた。朝に事例を解くことで、試験前に脳を活性化させられるとのことであった。アドバイスに従い、試験当日の朝、出かける前にルーチン化している試験手順の確認を兼ねて前年度の事例Ⅰを途中まで解いてみた。

　他には、1科目終了したら決して振り返らず次の科目のことだけを考える、同じ過ちの防止徹底のため「誤答分析ノート」を会場に持ち込む、合間にバナナを食べて脳にエネルギーを供給することなどを実施した。

（6）これからも勉強は続く

　以上の取組みを経て無事合格し、やっと診断士になった。今は、企業内での業務に役立てるとともに、スキルアップのため東京都や台東区の受託事業に取り組んだり、診断士によるさまざまな研究会に参加したりしている。研究会では偉大な経営者や活躍している診断士からお話を聞き、経営現場での取組みや新しい経営理論、業界の最新動向等について学んでいる。まだまだ知らないことばかりで、受験で学んだことは最低限の知識であると感じるようになった。

　日々勉強であるが、この資格取得を通して勉強が好きになったので苦にはならない。というかむしろ楽しい。「勉強は続くーよ。どこまでもー♪」という軽やかな気分である。何の歌かは「続くよどこまでも」でネット検索いただくとわかるだろう。この曲はアメリカの民謡で、労働歌らしい。意外であった。このように定義などを確認することも、学習で身についた成果である。

　合格できてもできなくても、得るものがたくさんある。学習は無駄にはならないのでベストを尽くしてほしいと願っている。そして、この本を読んでくれた皆さんが無事合格し、一緒に勉強や診断士活動ができる日を楽しみにしている。

4 　模擬試験を効果的に活用し、 独学で合格

　私は２次試験に２年で独学合格した。２次試験対策として、１年目に１回、２年目に２回、模擬試験を受けた。計３回の模擬試験をうまく活用したことが合格の鍵だったと思う。私がどのように模擬試験を活用し、合格につなげたかご紹介したい。

（1）手探りだった 2017 年度
①２次試験対策の開始
　2017 年度の１次試験を自己採点し、合格できるとわかった時から、２次試験対策を開始した。１次試験対策中は１次試験に専念しており、２次試験対策はゼロからのスタートだった。

　まず行ったことは、受験予備校が出版する過去問題集の購入である。そして、自分が合格ラインに対してどのくらいの水準にあるのか、試験時間 80 分×4 科目の長丁場に耐えられるのかを確認するために、その過去問題集を出版している予備校の模擬試験に申し込んだ。

　模擬試験までの間は１ヵ月弱である。まず、過去問を 80 分以内で解けるか試してみた。しかし、100 文字以上の４〜５問分の解答を書くには、時間が全然足りない。これは解答内容を云々する以前のレベルだと、愕然とした。

　今の実力では 80 分に対応できないことはわかった。そこで、制限時間を気にせず解答を作成することにした。しっかり時間をかけて書いた解答を模範解答と比べてみたが、何かズレている。問題によっては自分とまったく違う観点の模範解答が書かれてある。時間をかけても全然ダメじゃないかと頭を抱えた。独学では、自分の解答がどれだけの点数になるのか見当もつかない。まったくの手探り

状態であった。

②1回目の模擬試験

その状態から抜け出せないまま模擬試験に臨んだ。試験会場特有の雰囲気により集中力を発揮できたのか、事例Ⅰ～Ⅲは80分で解答欄を埋めることができた。事例Ⅳは経営分析に時間をかけすぎてしまい、最後の問題まで手が回らなかった。

結果は、事例Ⅰ：39点（36.7）、事例Ⅱ：65点（37.6）、事例Ⅲ：61点（40.3）、事例Ⅳ：24点（37.9）だった（カッコ内は平均点）。

率直な感想は「思ったより点がいい。残り1ヵ月頑張れば、合格ラインに届くかもしれない」であった。試験会場では、80分間の集中力が数段上がること、1日で4科目を受けても集中力を持続できることを確認できたのが収穫だった。

③試験対策の行き詰まり

しかし、模擬試験の後、何問過去問を解いても手ごたえがつかめない。これは、やみくもに数をこなしてもダメだと思い、何を根拠に模範解答が書かれているのか、じっくり考えることにした。

『ふぞろいな合格答案』を手にし、得点を取れない理由は、答案に盛り込むキーワード（専門用語、概念や物事の意味を端的に表す語句）の量が足りないことであるとわかった。だが、困ったことに、模範解答に書かれたキーワードが与件文になく、どこから来るのか不明なケースがある。

合格を狙うなら、ここで、最も点が取れていない事例Ⅳ対策を優先すべきだった。しかし、気持ちを切り替えて事例Ⅳに向き合うことができなかった。この時点で、自分は2次試験に一発で合格することをあきらめていたように思う。事例Ⅳ対策が手薄なまま、2次試験の日を迎えた。

④2017年度2次試験の結果

2次試験本番でも、事例ⅠからⅢまでは80分で解答欄を埋めることができたが、事例Ⅳは3分の1を未着手で終了した。

結果は、「BABC：総合B」だった。事例Ⅱしか合格水準に達していないこと

図表 3-4-1　2次筆記試験通過までの道のり

	2017年(平成29年)					2018年(平成30年)											
	8月	9月	10月	11月	12月	1月	2月	3月	4月	5月	6月	7月	8月	9月	10月	11月	12月
イベント		模擬試験(1回目)	★2次本番(1年目)		★結果発表					模擬試験(2回目)				▲模擬試験(3回目)	★2次本番(2年目)		★結果発表
試験対策		過去問(2年半分)				ネット情報収集		事例Ⅰ~Ⅲ相違の理解		事例Ⅳ集中学習		キーワード応用&設問解釈		キーワード整理			
心理状態		手探り状態				中だるみ			やる気復活		集中力持続			ラストスパート			
気づき		80分の時間感覚					事例ごとの観点の違い			基礎からやり直し		設問解釈の重要さ		解答の読みやすさ			

に実力不足を痛感した。そもそも、事例Ⅳは自ら試合放棄したといっていい。

　こうして、2017年度2次試験は、完全に消化不良のまま終えてしまった。

　振り返れば、1年目のつまずきは、2次試験に対する理解不足が根本的な原因だった。

(2) 何を問われているかを理解した2018年度

①情報収集

　2年目となる2018年度の試験対策は、情報収集からやり直した。受験予備校のホームページや、受験生向けWebサイトには、診断士試験（特に2次試験）とはどんな試験なのか、多くの情報が丁寧に記述されている。なぜ、最初にこれらにアクセスしなかったか大いに悔やまれた。

　それらの情報から、2次試験では、事例ごとに答える観点の違いを意識しなければならないことがわかった。たとえば、収益向上策を問う設問が出された場

合、事例Ⅰなら組織・人事施策を、事例Ⅱなら営業施策を、事例Ⅲなら業務改善施策を答える必要があるということである。至極当然のことなのだが、それまでの私には、その意識が欠落していた。

②2回目の模擬試験

予備校では、1月から2次対策講座がスタートし、4月に年度最初の2次模擬試験がある。私は、早々に4月模試に申し込んだものの、なかなか試験勉強モードへのスイッチが入らなかった。3月下旬、模擬試験が近づいてきて、ようやくやる気が戻ってきた。今度こそ、事例ごとの違いを意識して解答すると自分に言い聞かせて、2回目の模擬試験に臨んだ。

その結果は、事例Ⅰ：41点（38.7）、事例Ⅱ：53点（40.3）、事例Ⅲ：40点（38.4）、事例Ⅳ：9点（48.4）だった（カッコ内は平均点）。

まず目に飛び込んできた事例Ⅳの点数に愕然とし、続いて事例ⅠからⅢも、前年に受けた模擬試験から点数が伸びるどころか、逆に下がっていることにショックを受けた。前年に受けた1回目と同じ予備校のため、予備校の違いによる点数の落ち込みではない。

講評では、「この時点では点数そのものよりも、問題にどの程度対応できたかが重要」と書かれてある。改めて問題を見直すと、どの事例も極めて基本的なテーマの問題である。たとえば、事例Ⅰでは事業拡大のための組織課題と人事施策、事例Ⅱでは新規顧客獲得のための施策、事例Ⅲでは個別対応品受注拡大のための施策、事例ⅣではCVP分析と正味現在価値法が問われた。

私は1次試験を3年かけて通過したが、「財務・会計」、「企業経営理論」、「運営管理」は1年目に60点ぎりぎりで科目合格した。2次試験に必須の3科目の学習時間と知識が十分でなく、2次試験に臨む上で大きな障害になった。基礎からやり直す必要があると痛感した。

③弱点の克服

a.　基礎からのやり直し

まず、事例Ⅳを何とかしなければならない。急いで書店に向かい、事例Ⅳを

基礎から短期間で学習するために最適と考えられる『事例Ⅳの全知識＆全ノウハウ』を購入した。このとき5月上旬。それから2ヵ月間、この本に集中して取り組んだ。

続いて事例ⅠからⅢへの対策である。事例ごとの観点の違いを意識するだけではダメであり、その違いを踏まえ、適切なキーワードをつないで解答を書く力をつける必要がある。そもそも自分には解答を書く際、自在に使えるキーワードが決定的に不足していた。

とはいえ、1次試験の「企業経営理論」や「運営管理」を勉強し直すのは時間がかかりすぎる。また書店に向かい『2次試験合格者の頭の中にあった全知識』を購入した。そして、その本に列挙されたキーワードを使って解答を書く、すなわちキーワードをアウトプットする訓練を積んだ。

b. 設問解釈の訓練

2年目の試験対策で最初に行った情報収集の際に、「設問解釈が重要である」との記載が散見された。しかし、その時は今一つその意味がわからなかった。

キーワードを使って過去問を解くにつれて、キーワードを与件文から抜き出す場合と、自分の頭の中から引き出す場合があることがわかってきた。最も端的な設問は「中小企業診断士として答えよ」である。この設問の場合は、与件文でなく頭の中にある知識で答えなければならない。

また、たとえば「工業団地に移転・操業したことによって生み出した戦略的メリットは何か」という設問の場合、私は『「工業団地に移転・操業」することのメリット』に絞って解答していた。しかし、与件文には、A社が工業団地に移転した時期に生産設備や生産活動がどのように変化したかについて、数行にわたる記述がある。この設問に対しては、「工業団地に移転・操業」したことを契機にA社が取り組んだ施策の効果を漏れなく解答に書き込む必要がある。

このように、過去問解答を重ねて、設問が問うていることを的確につかむ訓練を積んだ。特に、設問文にある1つの語句にとらわれて狭く解答しがちだっ

た自分の思考パターンを修正することに注力した。

④3回目の模擬試験

9月中旬に3回目の模擬試験を受験した。開催元は、1回目、2回目とは別の2次試験専門の予備校である。ここを選んだのは、採点結果の「アドバイスつき返却」いわゆるフィードバック面接を受けられるからである。

結果は、事例Ⅰ：57点（57.8）、事例Ⅱ：55点（55.2）、事例Ⅲ：54点（55.3）、事例Ⅳ：48点（49.5）だった（カッコ内は平均点）。

過去2回受けた予備校の採点方法は、解答に書かれたそれぞれのキーワードの配点を合計する方式だったが、この予備校の採点方法は、設問ごとに何点とあるだけで、個々のキーワードの合計点数を計算する方法ではなかった。ただキーワードを盛り込めば良いのではなく、解答の文章が論理的でわかりやすく、かつ設問に対して適切かどうかを基準に点数がつけられている。アドバイスつき返却で言われたことは、大きく次の2点だった。

・文章が冗長になっている。口語的に記述するのではなく、キーワードを使ってコンパクトに表現すること。その方が採点者が理解しやすい。

・採点者は大量の解答を採点する。1枚の解答に割く時間はごく短い。まず冒頭に結論を述べ、続いて、その根拠を論点ごとに番号を振って書くこと。採点者が理解しやすい論理的な構成になるよう心がけること。

2次試験3週間前、できることは限られる。本番までの残りの期間は、初見の事例に取り組むことをせず、これまでに書いた自分の解答の見直しと、キーワードの整理に費やした。そして、採点者が読みやすい文章構成にするには、自分の解答をどう変えれば良いかを考えた。

（3）2018年度合格発表と振り返り

結果発表で合格番号の中に自分の番号を見つけたとき、安堵感とうれしさが込み上げてきた。情報開示請求して得た採点結果は、事例Ⅰ：66点、事例Ⅱ：64点、事例Ⅲ：68点、事例Ⅳ：63点だった。

模擬試験1回目からは、80分の時間感覚をつかむこと、2回目からは、基礎からやり直す必要があること、3回目からは、採点者にとっての読みやすさが大切であることの気づきを得たことが成功要因だと思う。そして、合格に最も重要だったのは、模擬試験の結果を分析し自分に不足している点をどう克服するか、勉強の仕方をうまく修正できたことだと思う。

　私の2018年度2次試験の得点は、すべて60点台である。経営支援を行うための際立った得意領域がないのが今の自分だと自覚している。尖ったところがないと真の経営コンサルタントにはなれない。自分の得意領域・専門分野を確立することが、これからの課題である。

5 養成課程選択で得た資格と財産

（1）受験生から養成課程へのシフトチェンジ

　業務経験を積んでいくと、経営や経済への興味が湧いてくる。取引先へのアドバイスに幅や深さを持たせたい。活躍の場も広げたい。中小企業診断士の資格を取得し、私自身のステップアップとこれまでの経験を活かして活躍の場を広げたいと考えた。

　1次試験では、「経営情報システム」以外は、扱い慣れない科目ばかりであった。テキストを読み込み、ひたすら過去問を解いた。朝1時間早起きし、「財務・会計」の問題を解いてから出勤した。1次試験合格後の2次試験の結果も、絶望的なものではなかった（図表3-5-1）。

　登録養成課程講座（以下、「養成課程」）を選択した最大の理由は、「1年間という時間」である。受験するにせよ養成課程に通うにせよ、相当な覚悟が必要である。どちらも大変な1年間を過ごすのであるならば、1年後、自分に何が残るのかを考えた。養成課程では、コンサルタントに必要なこ

図表3-5-1　2次試験の結果

科　目　名	得点区分
中小企業の診断及び助言に関する実務の事例Ⅰ	A
中小企業の診断及び助言に関する実務の事例Ⅱ	B
中小企業の診断及び助言に関する実務の事例Ⅲ	A
中小企業の診断及び助言に関する実務の事例Ⅳ	D
4科目の総得点	A

科　目　名	得点区分
中小企業の診断及び助言に関する実務の事例Ⅰ	C
中小企業の診断及び助言に関する実務の事例Ⅱ	A
中小企業の診断及び助言に関する実務の事例Ⅲ	A
中小企業の診断及び助言に関する実務の事例Ⅳ	A
4科目の総得点	B

とが体系的に学べ、実習により実践力がつく。私にとっての1年間とその先を考えた結果、養成課程を選択した。

(2) 養成課程体験記

　養成課程の一般的な情報は、ネット検索や書籍などで拾いやすくなっているのでそちらに譲る。ここでは私の体験記を述べる。なお、講座内容については学校により異なる点がある旨ご留意いただきたい。

①講座内容

　私は、通勤経路内で通いやすい場所にある学校を選択した。授業は、平日の火曜と木曜の18：45〜21：00（3.25時間）、土曜は10：00〜17：00（6時間）である。3月開始、翌年3月終了の1年間コースである。

　カリキュラムは、大きく分けて「経営診断Ⅰ」、「経営診断Ⅱ」で構成され、講義と演習で学び実習で実践する。「経営診断Ⅰ」は、「助言能力」、「財務会計」、「経営戦略」、「人材マネジメント」、「マーケティング」についての講義と演習で、実習は「現状を認識した機能別診断」が中心となる。「経営診断Ⅱ」は、「総合経営」、「課題別科目」についての講義と演習で、実習は「経営革新を含む総合的な経営戦略診断」が中心となる。講義と演習は、座学でありグループディスカッションも多い。時には外出し、近隣の店舗へ観察に行ったりもした。

②平日の受講、気になる出席率

　私の通学先での講義の時間は、経営診断Ⅰは、演習274時間、実習136時間、経営診断Ⅱは、演習93時間、実習214時間である。省令で定める時間より1割以上多く時間が確保されている。

　平日の講義は18：45から開始である。出席率は時間によりカウントされ、遅刻や欠席時間は5分間隔で管理されている。この年の私は、仕事で大型プロジェクトを抱えていた。火、木はできる限り残業にならないように注意し、仕事の計画も講義や実習を考慮し工夫した。1回でも遅刻すると、卒業要件の90%の出席率が気になってくる。当然、体調管理にも十分注意した。

③実習

実習は5回で、毎回テーマがある（**図表3-5-2**）。1回当たり20日前後の期間内にトップヒアリング、現場実習、プレゼンテーションがあり、それぞれの間にコンサルワークがある。トップヒアリング、現場実習とプレゼンテーションは、企業先にて平日の日中に行われるので、有給休暇を取得し参加した。コンサルワークは、通常の授業と同じ時間帯に教室にて行う。コンサルワークで対応し切れない分は、宿題となる。

1グループ8名で、3グループに分かれ、それぞれ指導員の先生が1名つきご指導していただける。3グループとも別々の企業である。3グループの日程は異なるため、事前に期間中の都合が悪い日を伝えておくことで、できる限り都合を考慮しグループ分けしてもらえる。

実習開始の2週間前頃、グループ別の実習先情報が渡される。封筒に入っているため他グループの企業情報がわからないようになっており、公言も無用である。その日のうちに、リーダー、サブリーダーを決め、事前課題の取組み方法などを話し合う。

リーダーまたはサブリーダーは、卒業までに最低どちらか1回は担当することになっている。私は、貴重な体験ができる機会なのでリーダーを2回担当した。

機密保持のためグループ別に教室が分かれている。実習期間中はグループごとに活動し、他教室への出入りは禁止され他グループとの交流はほぼなくなる。実

図表3-5-2　実習のテーマと日程

経営診断Ⅰ	1回目	製造業診断実習	7月下旬〜8月上旬（25日間）
	2回目	流通業診断実習	9月下旬〜10月下旬（32日間）
経営診断Ⅱ	3回目	戦略策定実習（製造）	11月中旬〜12月上旬（21日間）
	4回目	戦略策定実習（流通・サービス）	1月上旬〜1月下旬（21日間）
	5回目	総合ソリューション実習	2月中旬〜3月上旬（22日間）

習期間はグループ内にて、かなり密度の濃い活動となる。

　活動は、事前課題である診断先についての情報収集から始まる。業種・業態、業界の特徴、業界特有の問題点、課題等、とにかく情報を集める。一覧表をネット上で共有し、全員で手分けし入力していき一覧表を埋めていく。この段階で調べたことが、その後のコンサルワークで活きてくる。

　トップヒアリング後のコンサルワークでは、とりわけ戦略策定に多くの時間を割いた。各自の考えや意見を持ちより情報を共有しディスカッションを重ね、提案の方向性を決めていく。この戦略策定について話し合った過程は、今でも重要な経験であり財産である。その後の流れを、**図表 3-5-3** に示す。

　実習はどれも思い出深い。1 回目の印刷業は、ストップウォッチ片手に段取り替えの工程を観察し改善提案を行った。資材の在庫数もカウントし在庫保管の改善提案も行った。2 回目の高級和食店では、商店街にて通行量調査と街ゆく人にアンケートを行った。有志で競合店視察として食事にも行った。3 回目の製造業では、若手育成・評価制度の提案を行った。4 回目の人材派遣・事務代行では、後継者育成についての提案や従業員アンケートを実施し集計結果の提示と改善策提案を行った。5 回目の高級印刷用紙商社では、ターゲットの改善提案を行った。

　実習完了後に診断先に評価をしていただく。5 段階評価の診断先満足度にて 1 回目は、最高ランク「5」をいただいた。これ以外も「4」をいただき、一安心で

図表 3-5-3　1 回の実習の流れ

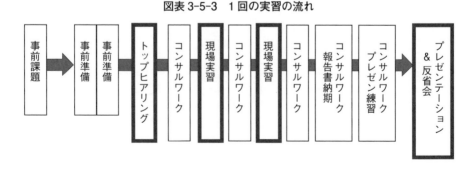

ある。

④修了

コースの最後に筆記と口述試験がある。修了認定は、要件を満たすとコース終了後に修了書が発行される。養成課程はほぼ卒業できるのであるが、修了認定確定までは気を抜けない。

1年間、密度濃く切磋琢磨し学んだ同士24名は、全員めでたく卒業した。活動を共にした同士のつながりも財産となった。

(3) 養成課程イメージ・意識調査アンケート

元養成課程生（以下、「養成課程生」）と元受験生（以下、「受験生」）に行ったアンケート結果を紹介する。以下の記述中、単位が未記入の場合は人数である。

①養成課程生への質問

「何年目で養成課程を検討したか」については、「受験前から」、「3年目」がともに25％で最多であった。

「養成課程を勧める理由（強く思った順）」については、「実践的な実力がつく（44％）」、「体系的に学べる（21％）」、「人脈（13％）」であった。

具体的には、「学ぶ過程で自分がスキルアップできる」、「試験勉強では体験できないいろいろな分野の講師の話が聴ける」、「養成課程に行かなければ一生知らないままであっただろうことにたくさん遭遇することで、自分の小ささを知り、世界の大きさを知る」という声があった。

「養成課程受講中で困ったこと（インパクトのある順）」については、「仕事との両立、仕事と実習の日程調整（7）」、「休日がない、時間がない（7）」、「実力不足（5）」であった。

②受験生への質問

「何年目で合格したか」については、「1年目」、「3年目」がともに26％で最多であった。

「養成課程についてどう思いますか（感じること、思うこと、イメージ等何で

図表 3-5-4　受験生からみた養成課程のイメージ

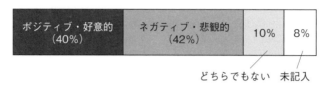

| ポジティブ・好意的（40%） | ネガティブ・悲観的（42%） | 10% | 8% |

どちらでもない　未記入

も結構です）」については、回答から受けた印象で分類してまとめた（**図表 3-5-4**）。

　具体的な回答としては、「ポジティブ・好意的」分類では、「実践スキルが身につく、人脈が広がる、診断士資格が確実に手に入る」、「診断士としての実力は、受験よりつくと思う」。「ネガティブ・悲観的」分類では、「賢そうな顔をしていない。人生をかけている」、「2次試験に合格できない方がやむなく行くイメージ」。「どちらでもない」分類では、「最近は養成課程の方が増えているような印象がある。能力や実力は差があるとは思っていない」、「具体的にどのようなことを学ぶのか知る術が少ないと思う」などがあった。

　アンケートの結果は以上である。お忙しい中ご協力いただき、大変ありがとうございました。

③アンケートの結果から思うこと

　受験生への質問「養成課程についてどう思いますか」では、「ネガティブ・悲観的」が多かった。私は「どちらでもない」の方が多いと仮定していた。

　費用はかかるが、受験勉強だけでは得難い体験が見えない財産となって自分自身に残る。費用は、診断士として活躍すれば十分回収できると考えている。養成課程に対する考え方や選択する理由はさまざまである。養成課程でも受験生でも、登録後の活動が充実したものになればいいと思う。

6　17年分の過去問研究で合格へ

（1）1回目の2次試験は予備校の創作問題中心の学習で失敗

　1次試験を4年目で通過し、ようやく2次試験への挑戦権を得ることができた。1次試験で科目合格していた際に、受験予備校で事例Ⅰ～Ⅳの創作問題を解くことで2次対策を行っていた。

　2次試験本番で緊張してしまい、事例Ⅰの試験時間の半分が過ぎた頃、設問に対して1つも解答が埋まっていない状態で、パニックになってしまう。2次対策に通算で3年間取り組んでいたにもかかわらず、他の事例でも試験問題がまったく見たことのない問題に思えてしまい、この年は、事例Ⅰ～Ⅳの合計得点が200点で、力を発揮できずに惨敗に終わった。

（2）過去問中心の学習へ

　2017年12月に、残念ながら不合格通知が手元に届いた。同じやり方では進歩がないと感じ、翌年以降は、どのように2次試験対策を行うか検討した。

　私が大いに反省したのは、過去問の取り扱いである。ある先生の授業に出席した際に、「過去問をしゃぶり尽くすぐらいやらないと合格しない」と言われた記憶が鮮明に残っていた。自分は過去問に対して、真剣に向き合ったのか、過去問を研究し尽くしたのか振り返った。

　自問自答を繰り返す中で、出た答えは、「NO」であり、翌年は「過去問をしゃぶり尽くそう！」という気持ちで固まった。受験界のセオリーに、受験予備校や先生を変えたりするのは良くないというものがある。通っていた受験予備校で、もう1年取り組む選択肢もあったが、創作問題ばかり取り扱うこと、大人数で一方通行の講義スタイルであることが気になっていた。大学受験の際、大人数の講

義を受講してうまくいかなかったことも頭をかすめた。

　そのため、過去問中心の少人数の予備校でもう1年やろうと思い、不合格通知が来た翌週から新規で受験予備校の調査を行った。新たに通うことになった予備校は、過去問に何回も取り組むこと、20名ぐらいの少人数で、ディスカッションを重視していることなどが自分の探しているものとマッチしており、1年間お世話になろうと決意した。

(3) 過去問17年分を研究し尽くす

　受験予備校の授業でも過去問を扱ったが、診断士試験が新制度に変わった平成13年度から17年分の過去問を研究した。特に事例Ⅰ～Ⅲには、10回以上取り組んだ。私自身は、事例Ⅳ（財務・会計事例）で足切りにあうことはない、事例Ⅰ～Ⅲの克服なしに2次試験の合格はありえないという強い気持ちで、2回目の2次試験に向けてひたすら過去問と向き合った。ここにそのやり方を紹介する。

①1次知識の確認

　1回目の2次試験を受験した際に、1次試験の知識を持っていても使いこなせ

図表3-6-1　過去問研究実施事項

狙い	実施事項	事例Ⅰ	事例Ⅱ	事例Ⅲ	事例Ⅳ
設問解釈	①1次知識の確認	●	●	●	
	②設問のパターン分析	●	●	●	
解答雛形作成	③②の解答作成	●	●	●	
	③新規創作問題作成	●	●	●	●
本文解釈	④事例企業のSWOT抽出	●	●	●	●
	⑤事例企業の課題、問題抽出、設問対応づけ	●	●	●	
時間管理	⑥タイムマネジメント	●	●	●	●
解釈ズレ確認	⑦他の受験生との解答比較	●	●	●	▲
頻出論点対策	⑧事例Ⅳ対策				●

ていないことを痛感した。たとえば、事例Ⅲでは、「生産管理上の」、「生産性改善」が問われている時に、出題者はどのようなことを問いたいのか、すぐに頭から出てこなかった。受験予備校のテキストにある1次知識がスラスラと暗唱できるようになるまで、知識のインプットに注力した。

　合格した後、受験生支援団体で、診断士試験の受験生サポートを行っているが、1次試験の知識を確認しても、スラスラ答えられない受験生が多いことに驚くと同時に、合格者は1次試験の知識をしっかり持って活用していることを実感している。合格者2割と不合格者8割の差に、1次知識の運用力が大いにあることを再認識した。

②設問のパターン分析

　17年分の過去問の設問文だけを読み、1次試験のどの知識が問われているかパターン別に分類した。与件文は、ここでは読まない。たとえば、事例Ⅰで「成果主義」の問題があったとする。過去に成果主義について問われた設問を探し、どのように問われているのか、成果主義に関する知識のどの部分が問われているのか比較した。

　事例Ⅰ～Ⅲのすべての設問分析を行った。1度しか出題されていない項目はあるが、7～8割は2回以上出題されているのに気がついた。多いものでは17年のうち5回問われている項目もあった。

　過去問の設問パターンを分析したことで、本番で見たことのないパターンの問題が出題された際は、捨てようと割り切ることができ、タイムマネジメントの改善につながった。

③設問パターン別の解答作成、および新規創作問題の作成

　②の設問のパターン分析である程度分類ができたら、設問パターン別の解答作成を行った。たとえば、事例Ⅱで4Pについて出題されているとわかったらその問題の解答だけひたすら作成し、比較検討を行った。他には、1次試験の知識を使って自身で与件文と設問を創作し、解答する練習を行った。

　この練習は、出題者の立場を考えるよい訓練になったと感じている。創作問題

の作成は手を動かす必要があり、通勤など細切れの時間では難しいが、1日に1問、自分で作成することを習慣化した。どうしても対応できない日は、頭の中で質問と解答を作成し、後で書き写すようにした。

④事例企業の SWOT 抽出練習

事例Ⅰ～Ⅲでは、必ず事例企業の SWOT が描かれている。それぞれに該当する文章に線を引き、SWOT を抽出した。この練習は、与件文を読み、SWOT に無意識で反応できるようにするのが目的である。1回目の2次試験の際には、本文の中の表現が強みなのか弱みなのか、機会なのか脅威なのか即座に判断できず、時間をロスしたことからこの練習を行った。

SWOT についても、移動などの隙間時間、タブレットの中に入れた過去問に線を引いて抽出練習を行った。本番の試験では、SWOT が浮かび上がって、「ここを使いなさい」という出題者の声が聞こえるような錯覚を感じた。

⑤事例企業の課題、問題抽出、設問との対応づけ

全事例に共通して言えるのは、必ず事例企業の課題が与件文中に書かれていることである。全事例で事例企業の課題や問題を抽出し、どの設問で解答させようとしているのか確認した。試験本番でも与件文中に示された課題や問題と設問の対応がすぐ見抜けるようになった。

⑥タイムマネジメント関係

通っていた受験予備校で、本番同様に80分かけて過去問を解く時間があり、これが80分のタイムマネジメントの練習になった。受験予備校の授業以外は、前述した設問の研究を行った。その他、大手予備校が主催する公開模試を2回だけ受けて、新作問題への対応慣れを試みた。模擬試験の結果は良くなかったが、スタート時の方針通りに過去問研究に注力、継続して対策を行った。

⑦他の受験生との解答比較

⑥で過去問を解いた後に、自身の答案についてディスカッションする機会があった。中小企業診断士の2次試験は正解が公表されないが、この解答比較の際に他の受験生の書いた解答を確認することで、自分の考え方のブレに気づくこと

ができる。他には、受験生の合格答案を集めた本を購入し、合格者の答案に近づけるように研究した。

⑧事例Ⅳ対策（経営分析と頻出論点の問題研究）

事例Ⅳ（財務・会計事例）は得意だったこともあり、あまり力を入れなかったが、必ず問われる経営分析は、良い点、悪い点の的確な指摘ができるように、講師の解答を参考に何度も書き直して練習を行った。頻出論点であるCVP分析、CF計算、セールスミックスなどは、事例Ⅰ〜Ⅲと同じように過去17年分すべての問題を研究した。NPVの問題については、設問の1つ目は取り、残りは捨てる作戦を立てた。

（4）試験当日と合格発表日までの間、合格発表当日

①2次試験対応の方針

1回目の2次試験受験の時には、全部解答して満点の解答をしなければならないという感覚にとらわれていた。私はこれを「満点病」と表している。2回目の2次試験では、常に満点病の発作が出ないように気をつけたと同時に、得点プランを持って試験に臨んだ。事例Ⅰ：70点、事例Ⅱ：70点、事例Ⅲ：70点、事例Ⅳ：40点以上でよい、ミスや間違いは各事例2ヵ所まで構わないという気持ちで試験に臨み、満点病の克服に努めた。

②試験中の心境

過去17年分の事例Ⅰ〜Ⅲを研究していたことで、2回目の2次試験中には、「また、この問題か」、「ここはあの年度の表現、ヒントの埋め込み方に似ている」と体が自然と反応するような状態で試験を受けていた。この瞬間こそが「過去問をしゃぶり尽くす」ことの極意を悟った瞬間である。事例Ⅰ〜Ⅲは、過去問研究の成果を出せた、ダメでも悔いはない答案が書けたと感じた。

③事例Ⅳ終了時の絶望感

事例Ⅰ〜Ⅲまで順調に来たが、事例Ⅳに落とし穴が待っていた。今までと傾向が変わって連結会計が出題され、ミスを連発。CVPやWACCなどの基本問題ま

図表 3-6-2　2 次試験結果
(2017 年度（上）と 2018 年度（下）の比較)

2 次点 A	2 次点 B	2 次点 C	2 次点 D	2 ランク A	2 ランク B	2 ランク C	2 ランク D
52	47	39	61	B	C	D	A
2 次点 A	2 次点 B	2 次点 C	2 次点 D	2 ランク A	2 ランク B	2 ランク C	2 ランク D
71	68	63	43	A	A	A	C

で落としてしまい、試験が終わった瞬間は愕然とした。幸いなことに記述が多い年度だったこともあり、出題者の意図を推測し、その解答を記述したところ C 評価：43 点で何とか足切りを免れた。

　図表 3-6-2 は 2 次試験得点開示結果である。上段が 2017 年度（1 回目）、下段が 2018 年度（2 回目）の受験結果である。1 回目は総合計 200 点で不合格であった。前述した勉強に切り替え 2 回目の 2 次試験では総合計 245 点を取り、無事合格することができた。

(5) 2 次筆記試験終了後

　事例Ⅳで基本的な問題を間違え壊滅的な感触であったことから、2018 年度の試験合格はないと思い、養成課程の説明会に参加していた。その他に、一人旅をしたり、関西に転勤した友人のところに遊びに行ったりして、ゆっくりした時間を過ごした。今思い返すと、2 次試験が終わってから合格発表までの間が一番ゆっくりできる時間である。合格後は、口述試験の対策、実務補習の準備や診断士活動に参加するなど忙しく過ごした。

　詳細は第 4 章―1 に譲るが、診断士合格により大きく活動領域が広がった。診断士の資格のおかげで、刺激的な毎日を送ることができている。この資格の勉強に取り組んで本当に良かったと思う。

第4章

私は企業内診断士として
このように資格を
活かしている

1 診断士合格で活動範囲が 大きく広がった

（1）中小企業診断士としての活動状況

　中小企業診断士試験に合格した前後で、出会う人の職業、年代の幅が大きく広がった。そこで出会ったさまざまな経歴の人と一緒に活動することで大きく刺激を受けており、本業への相乗効果を感じている。

　私のような企業内診断士は、本業が優先であるのは当然のことである。本業と診断士活動を両立させるにあたり、以下のことに気をつけた。

①場所重視

　勤務先が中央区で、住まいは中央区にあり、中央区で開催されるマスターコースや研究会を優先した。中央区で開催される場合は、移動時間片道20分以内で参加することができる。移動時間が片道30分以上かかる会に参加したこともあるが、時間通りに参加できないことが多く、継続して参加ができなかった。

②IT ツールの有効活用

　診断士活動においては、事前準備にやりとりをすることも多く、時間管理については、まだまだ改善が必要と感じている。時間を有効活用するために、ZoomやFacebook のメッセンジャーなどの電話会議システムを有効活用して電話会議を開催することもある。

③お金の管理

　診断士活動の中で、研究会やイベントの後の懇親会に参加する機会は多い。重要な話を聞くことや、親睦を深めてその後の案件につなげることができる。なるべく参加し、自分を知ってもらい、人脈強化に努めたいが、お金の問題がある。特に企業内診断士は、プライベート以外にお金の負担が増すことになる。懇親会の参加目的をはっきりさせる、1週間の参加回数を最大2回までとする、2次会

は基本的に参加しないなど、お金の管理に留意した。

（2）診断士活動状況

試験合格後にさまざまな活動に参加する機会を得た。活動内容を紹介する。

①協会活動

東京都中小企業診断士協会（以下、「東京協会」）の中央支部に所属している
が、その中に支部活動組織があり、私は３つの部に所属し、多くの先輩診断士と
活動している。どの部でもセミナーを開催しているが、イベント開催のノウハウ
を学べる支部を超えた交流があり、幅広い人脈形成に役立っている。その他、中
央支部内での合宿に参加し、先輩診断士の貴重な経験を夜遅くまで聞く機会にも
恵まれた。

また、「１年目の会」という登録１年目の診断士向け交流イベントの幹事に、
中央支部の代表として支部長の推薦を受け任命された。平日夜や休みの日に企画
準備を行うが、この場では幹事長を務めており、ファシリテーションについて学
ぶ貴重な場となっている。

②マスターコース

マスターコースというプロのコンサルの先生からノウハウを学ぶ講座を２つ受
講している。診断士はセミナー講師やプレゼンテーションの機会が多いので、そ
れらの能力を強化する講座を１つ受講することに決めた。もう１つは、診断士と
して、「話す」、「聴く」、「書く」、「診る」の基本を学ぶコースに通っている。

どちらのコースも先生や一緒に学ぶ同期から数多くの刺激を受けている。受講
後には懇親会があり、これから中小企業診断士として活動していく仲間との絆を
深めている。マスターコースによっては伝統的に続いているコースがあり、過去
の先輩方との人脈形成の場となっている。

③研究会

所属している東京協会には多種多様な研究会がある。私は主に、海外関係、人
事・組織系、プレゼン系、ビジネス系、総合系の研究会に所属し、活動してい

図表 4-1-1　診断士活動一覧

	カテゴリー	分野	名前
①	中央支部活動	セミナー、イベント	国際部、ビジネス創造部、青年部
①	東京協会活動	イベント	1 年目の会
②	マスターコース	講師養成	売れプロ
②	マスターコース	コンサル総合	稼プロ！
③	研究会	国際関係	ワールドビジネスソサエティ（WBS）
③	研究会	人事・組織・福祉	健康ビジネス研究会
③	研究会	人事・組織・福祉	組織開発研究会
③	研究会	診断士総合	フレッシュ診断士研究会
③	研究会	診断士交流会	つぎ夢経営研究会
③	研究会	プレゼン力向上	プレゼンスキルアップ研究会
③	研究会	各種	中小企業政策研究会（財務、事業承継、ビジネスモデルの研究会に参加）
④	その他	読書会	webiz 読書会
⑤	その他	受験生支援	タキプロ
⑥	その他	実務従事	大塚商会
⑦	その他	補助金	HKS

る。研究会では、幅広い経歴の人との人脈形成や独立している人の話を聞けるなど、有意義な時間を過ごすことができる。最初は数多く出席するのを勧める。研究会の日程が被るようになり、参加できなくなるものが出てくるが、数多く出ることで新しい発見がたくさんあり、後にやりたいことが見えてくる。

④読書会

　月に1度開催される読書会にも参加している。診断士が主となった集まりだが、そうでない人も参加可能な会である。最新のビジネス書や話題となっているビジネスフレームワークについての書籍を読み、意見交換を行う。診断士は知識の幅だけでなく、知識の深さが大事と言われるが、読書会は、毎回新しいテーマ

中央支部セミナーの様子

に触れることで、知識の幅を広げるのに役立っている。

⑤受験生支援活動「タキプロ」

　診断士試験の受験生を支援する団体であるが、診断士試験合格者 1,000 人前後のうち 100 人以上が加盟する団体である。「タキプロ」では、受験生向けのセミナーや勉強会を開催、ブログの更新を行う。診断士試験合格前まではセミナーを開催した経験がなく、セミナー開催の際に必要となること（会場の手配、集客のやり方、コンテンツの検討、司会、パワーポイント資料の作成など）に取り組む良い機会となった。

⑥実務従事

　コンサルタントとしての能力を磨くため、経営診断に 3 件取り組んだ。診断士試験で学んだ理論だけでなく、明日からすぐに実践できる具体的な提案が求められ、毎回関係者が集まってはどのような提案をするか真剣な議論が繰り広げられる。経営診断書の作成が完了し、企業の社長向けに報告会を開催するが、「これ

ならば明日からできそう」と満足していただいた時は、何ものにも代えがたい気持ちであった。今後も経営診断に継続して取り組み、コンサルタントとしての能力を向上させたい。

⑦補助金関係

診断士になると、ものづくり補助金の申請支援を行う機会が多い。補助金申請は、企業勤めの診断士にも取り組みやすいこと、診断士の試験で学んだことが活かしやすいことで始めた。補助金申請は、公的機関向けの「書く」スキルについて学ぶ最善の機会である。

（3）診断士活動によって得られたもの

①本業へのシナジー

診断士活動の中で、セミナーやイベントを開催する機会が増えたと前述したが、そこで集客について学んだことを本業で活かしている。私は営業担当であり、展示会出展を企画運営することがあるが、診断士活動で学んだ集客ノウハウを活かしている。

診断士活動の中では、ファシリテーションを学ぶ機会があった。本業の中では、利害関係が異なるメンバーをリーダーシップをとって取りまとめる機会が多い。取りまとめる力が向上したと感じている。

懇親会に参加し他の企業の話を聞くことで、現在勤めている企業の良いところ、悪いところの再発見につながった。現在の勤め先への感謝の気持ちと同時に愛着心が増した。

②スキル面での向上

診断士活動を通じて、人前で話す機会や資料を準備して発表をする機会が格段に増加した。プレゼンに場慣れし、ノウハウを学んだ結果、本業の営業活動においてはプレゼンテーション能力が大きく向上したと感じている。

資料を作成する際に、パワーポイントやワード、エクセルを活用する機会が多い。IT業界や広告業界の診断士と一緒に活動する中で、これらを効果的に活用

する手段を学ぶことができた。その結果、本業においても、事務処理のスキルが明らかに向上した。

③自分の人生のキャリアビジョン振り返りと作成

70歳の診断士の方と出会うことがあった。参加した懇親会でこれまでの職務経歴や生き方を聞き、今後の人生設計の参考となった。世代を超えた交流ができるのも、診断士の魅力と感じている。

今後の人生10年の過ごし方を設計するキャリアビジョンの講座を受講した。本業、診断士活動、プライベートにおいても10年計画を立てた。計画は修正する可能性はあるが、10年計画を立てるかどうかで今後の過ごし方が大きく変わってくる。このキャリアビジョンを通じて、過去の経験資産の棚卸しを行った。自身のこれまでのキャリアを振り返り、自分の強みの再発見につながった。

④趣味の拡大

診断士活動で出会った人とワインをテーマに交流を深める、日本酒の会を通じて日本酒の知識を深める、ラグビーワールドカップを一緒に観戦するなどの機会に恵まれた。さまざまな情報が入ってくるようになり、趣味の幅が広がった。

本業、企業内診断士活動、プライベートのすべてにおいて、活動領域が広がったと感じている。診断士の活動を実のあるものにするためにも、積極的に活動してチャンスをつかむ必要がある。

（4）来年度以降の診断士活動と本業について

企業内診断士にとって、診断士資格はマジックライセンスだと思う。この資格を活用すれば、新たな機会や刺激を得られる。本書が出版される頃には、診断士2年目に突入している。1年目は見習い期間のような形で、いろいろなことにチャレンジしていたが、今後は診断士としての質を高めつつ、この資格を活用して、自分の人生をより輝けるものにしていきたい。

診断士資格で
取引先事業変革をリード

（1）取引先社長を納得させるには診断士資格が必要だった

①資格取得の契機は営業の壁

　ガス関係の専門商社に勤務していた私は、エネルギー部門担当として全国を飛び回っていたが、やがて壁にぶち当たる。取引先のほとんどが中小企業であったが、「根拠結果を示した提案でないと、命がけで事業に取り組んでいるオーナー経営者は動かないよ。そのためにも、中小企業診断士の資格でも取ってみたら」——この先輩のアドバイスがスタートであった。

　中小企業診断士の資格を取得できたのは、それから2年後である。

②経営者視点と広い視野を与えてくれた

　以後、診断士の知見を駆使した営業活動や事業提案を通じて、少なからず取引先の成長と、勤務会社にも貢献してきたと思っている。私にとって診断士資格が与えてくれた強みは、経営者視点で事業を理解し汲み取れたこと、もう1つは幅

図表 4-2-1　　取引先企業に実施した主なコンサルティング

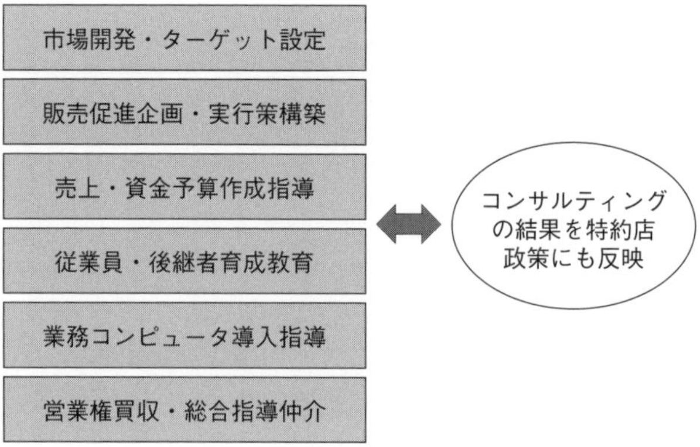

| 市場開発・ターゲット設定 |
| 販売促進企画・実行策構築 |
| 売上・資金予算作成指導 |
| 従業員・後継者育成教育 |
| 業務コンピュータ導入指導 |
| 営業権買収・総合指導仲介 |

⟷ コンサルティングの結果を特約店政策にも反映

広い視野での問題意識を持ち、課題に対応できたことである。

③取引先の戦略構築と実行への仕組みづくり

私のコンサルティング活動は、取引先企業のオーナー経営者の質問や相談に応える形で始まり、そこから事業戦略構築に取り組み、実行フォローまで経営者に寄り添い進めていく内容であった。

(2) 取引先コンサルティングは多様

①ショールーム開設相談から販売計画づくり

事務所を店舗ショールーム化するのに、レイアウト相談を持ちかけられた長崎県の取引先には、綺麗に見せる展示方法は大事だが、ショールームを営業活動の中でどのように運用していくかを先行して決めておかないと、春と秋の「ガス展」時以外には稼働しない空間になる恐れがあると提案した。

年間販売計画を見直し、その中にショールームを位置づけし直した。料理教室開催や月別のセール・催事の企画、そして近隣客の趣味の集いへの貸し出し等を組み込んだ販売計画連動のショールーム活用策をつくっていった。

レイアウトも、システムキッチンを壁面設置からショールーム中心よりに設置のアイランド型に変更し、料理教室対応にした。事務所裏の器具修理場もショールーム内に引っ張り出し、表通りから見えるようにして技術サービス力のある店をアピールさせる等をした。

社長は熱心なあまり、展示方法（手段）をあれこれ考えるうちに、売上拡大（目的）計画との連動が後回しになっていたが、気づいていただいた。

②集金率アップと継続させる仕組み

営業担当者から応援依頼があり、長野の取引先社長に事情を聴くと、ただ「従業員の集金が悪い、叱っても良くならない」と言う。もともと、盆暮れの"節季払い"や、農家では収穫後入金すればまとめて支払う習慣もある地域だった。

すぐに従業員ごと、顧客別残金額、内容を1件ずつ把握できる一覧表を作成指導した。勝手な分割販売は禁止し、キャンペーン時に限って一律基準を設定し

た。高額品はクレジット活用、業務用設備はリース販売を原則にし、節季払いは認めない、賃貸集合住宅入居時にはガス代3ヵ月分相当額の保証金を預かる等のルールを設けた。不良客名と集金残額は壁に張り出した。

　毎月集金会議で厳しく追及する一方、資金の流れを従業員にもわかりやすく説明した。集金率を従業員評価項目に入れ、賞与にも反映させていった。単に実態分析・提案するだけでなく、定着できる仕組みが必要であった。

③SWOT分析で顧客開拓に士気

　LPガスは輸入石油随伴ガスであり、各社とも品質に差がなく、保安や技術等のサービス差異も使用されなければ理解されない。人口減や省エネ志向で顧客単位の消費量も減少傾向、業界全体が価格競争に陥っている。

　取引先の市場開拓では、何より従業員自身が士気を持って取り組むことが必要であり、自分たちの強みを従業員自身が確認することから始めた。

　中小企業の場合は、大企業と同じ巨大市場に挑戦しても、価格競争に巻き込まれ利益増につながらないことが多い。自分たちの本当の強みを見つけ、その強みと噛み合い、受容してくれそうなターゲットに絞り込むことが重要になる。首都圏郊外にあった取引先では、あえて都市ガス中心の都心で、ビルの谷間や坂道にある業務用顧客を狙い、簡易設置や火力の強さを活かして、新規獲得営業を進めた。

　ターゲットエリア、顧客リストづくり、提案資料・図表、チラシ等を担当従業員に作成してもらったことが、腑に落ち、腹の座った行動につながった。

　次のステップでは、従業員が強みと考えたことが、客先で実際に、どのように役立っているかの成果事例を集約し、そのことを次の新規売り込みの説得武器にしていったのである。

図表4-2-2　フレームワーク分析だけでなく、実行に結びつける

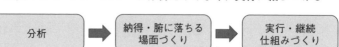

図表 4-2-3　取引先企業の SWOT 分析

外部環境／取引先社内状況	O（機会）分散型エネルギー レジリエンス復興力	T（脅威）人口減 省エネ志向 輸入価格変動
S（強み）元売り直結 地域密着 設備工事力 協力会社 ガス、電気、水まわり	火力強い コンパクトシティ 防災ガス発電機	都市再開発（都市ガス）　ビル谷間の 業務用市場
W（弱み）資金力 人手不足	支援策 ― 情報提供、同行営業　人材育成投資	大手の低料金販売　価格競争 巻き込まれず

（3）配送センター設立では診断士の広角対応力を活かした

　各々の取引先が拠出し合い、共同配送センターをエリアごと全国100ヵ所に設立してコスト削減を図った。受託配送センター、委託する取引先企業各々の立場から、いろいろな課題が発生した。

　配送センターでは、人員募集や給与体系づくり、顧客消費量履歴と季節変動から配送サイクルを予測管理するコンピュータシステムの開発導入や業務システム、資本金設定、運転資金手当まで対応、指導していった。一方の取引先企業は、配送から手離れした従業員をどう活用するかが課題となり、営業担当に育成する研修会を何度も開催した。

　また、取引先と顧客との接点が薄まる不安を払拭するため、タブロイド版ミニコミ誌を120万部発行した。ミニコミ誌には各取引先社名を印刷し、自社発行を模す工夫をして顧客に配布していただいた。これらの企画から運営が軌道に乗るまでの幅広い課題に対応できたのは、診断士としての知見を活かせたことによると思っている。

取引先の若手経営者を引率して、欧州（英、仏）のガスセンターを視察

（4）関連会社で新事業構築に道筋

①「強み」を活かす新事業進出

出向して関連会社の経営にも関わったが、健全な財務状況のうちにガスとガス器具販売以外に、もう1つ事業の柱を構築する必要があった。

キッチン、浴室等の施工販売力と、電気、ガス、水の一括した工事力があることを活かし、リフォーム事業に本格進出することにした。

②先行他社との「異質化」にこだわる

しかし、リフォーム市場には既に多くの有力企業がひしめいている。そこで、ネットリフォーム企業の指定登録を受け、従来顧客以外の一般市場でも通用する力をつけていった。ネット市場で顧客満足度優良店の評価をいただき、そのことを逆に従来からのガス取引顧客にもアピールしたのである。

③社内の意識改革と人材育成

限られた人員の中での組織変更には、既存事業担当からは不満、リフォーム新事業担当からは不安の声もあった。既存・新両事業を包含したビジョンを示し、会社の置かれている状況を全社会議で発表した後も、従業員にひざ詰めで説明した。腹に落ちないと人は本気で動かないと感じたからである。

最大課題は人材育成である。建築士、電気工事士、管工事、水道、インテリア等の資格取得を奨励、専門学校に行かせ、受検費用も支援した。また、工事施工

図表4-2-4　事業構造変革では全要素を関連づけ、変化させた

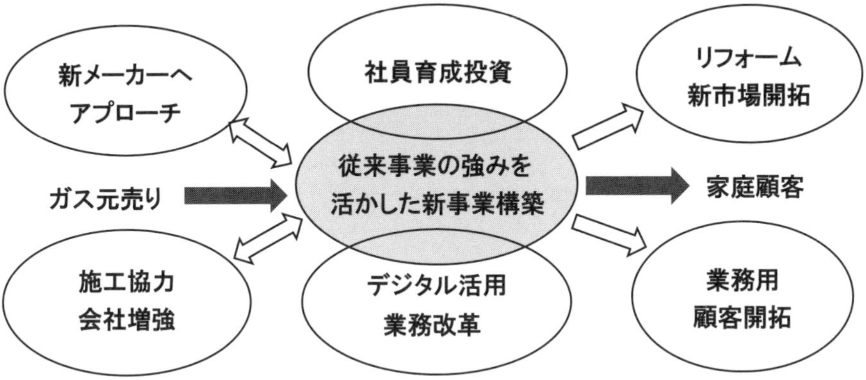

の協力会社も拡充していった。これらには時間がかかるが、事業変革には絶対必要であり"強みの源泉"になる。新事業は今、順調に進んでいる。

（5）時代を輝かす中小企業を活かす診断士に

　取引先の多様な課題に取り組んできたが、これまでは経営者に思いがあっても、実行にどう結びつけていけばいいかわからないという相談が多かった。

　しかし、時代は新しい課題解決策以前に、課題の発見そのものを求めている。

　要は規模の大小でなく質の問題に変わっている今、企業内外に関係なく診断士活躍の場は無限である。分析フレームワークも進歩するだろうが、意思決定が人間臭い価値判断でなされる場面もある。そこをどうリードするか、診断士の幅広い知見、強みを活かせるのは、これからの時代である。

（1）人材領域と診断士資格

①人材領域の仕事との出合い

　新卒で100年の歴史を持つ国内商社に就職して法人営業職を経験した後、30歳で外資系医療機器メーカーの営業職に転職した。カルチャーはまったく異なるものの、今振り返ればどちらの会社でも概ね順調にキャリアを重ねながら、ひとりの社会人として成長することができたように思う。

　そして30代の後半となり、キャリアコンサルティングという分野に興味を持ち、新たなチャレンジとして総合人材サービス会社で「再就職支援」という仕事に携わることとなった。再就職支援とは、会社都合で早期退職することになった方に対して、次の仕事がスムーズに見つかるよう就職活動全般を支援する人材業界の中でも専門的な仕事である。

②まずは企業経営とは何かを知る

　毎日求職相談を行っていると、相談者は口々に「次は良い会社に入りたい」と言う。大手企業で働いていた方も多かったが、大手企業出身者が次は良い会社に行きたいというのはどうもしっくりこなかった。大手企業が違うとするなら、「良い会社」とは一体どんな会社なのか。リストラをしない会社なのか、給料は安くても仕事が面白い会社なのか、残業が少ない会社なのか。人それぞれだとわかってはいても、何とかこの難しい命題に自分なりの答えを見つけたいという思いが日々募るばかりであった。

　それからしばらくして、たまたま立ち寄ったある書店で「中小企業診断士」について紹介している本に目がとまった。内容を読んでいるうちに、自分には良い会社を見極めるために知っておくべき、「株式会社とは」、「組織とは」といった

企業経営に関する基本的な知識が、そもそもまったく不足していることに気づかされた。この資格は企業経営について総合的に学ぶことができ、しかも財務・会計やさまざまな業種に対応したオペレーションの知識も得られるらしい。これこそ今まさに自分に必要なものだという確信を得て、その場で診断士受験の入門書を購入していた。

(2) 企業内診断士生活のスタート

それから約7年が経ち、診断士試験合格と時を同じくして、再就職支援事業部門から官公庁事業部門へ異動となり、当初の目論見とは異なる業務で企業内診断士の生活が始まることとなった。

官公庁事業部門は、国や地方自治体、関連団体などから労働・雇用関連の業務を受託し、企画立案と実際の運営を行っている。私は診断士合格してからの約5年間で、次の3つの事業の責任者として活動する機会を得た。

・関西地区の総合就業支援施設運営
・北陸地方県のU・I・Jターン推進
・東京都内中小企業の人材確保支援

いずれの事業においても、企業と求職者を結びつけるという点で、診断士の勉強を通じて得た企業経営の知識と就職支援の業務経験をうまく融合させることで、求められる成果をあげることができたと自負している。

この中でも私が診断士資格を最も活かしたと思うのは、中小企業の人材確保支援である。この事業は中小企業のみを支援対象としており、事業執行上のあらゆる場面において、中小企業支援の専門家である診断士の本領が発揮できた。

(3) 中小企業の人材確保支援事業

①中小企業の経営課題が「人材確保」の時代

2008年に起こったリーマンショック後の数年間は、募集をすればすぐに人が採用できる「超買い手市場」であった。ところがここ数年は、募集をしてもなか

(%)　　　　　　　　　　　　　　　　　　　　　　　　　　　　(n=1,931)

```
25

    22.1
20       18.6
             15.3

15

10

 5                   6.0   4.9   4.2
                                        3.0
                                              1.9   1.7        1.6
                                                          0.8
 0
   求める質 人材の人 社内人材 資金調達 事業コスト 情報・   新規設備 研究開発・ ITの活用  その他  特に課題
   の人材が 数が足り の教育・        の削減・ ノウハウ の投資  技術開発              はない
   いない  ない   育成          圧縮   の収集
```

出典：2015 年版中小企業白書

なか人が採用できない「売り手市場」に変化し、今ではハローワークに募集を出すだけの採用活動では、全然応募が集まらない時代になった。

　特に中小企業では人材不足が大きな経営問題であり、人材確保のための専門的な支援が必要となっている。中小企業の人材確保難が深刻になってきたことを受け、2017 年度から東京都内の公的機関で新たな事業の公募が実施されることになったのである。

②会社から新事業担当に指名される

　「今度、新たに中小企業の人材確保支援の企画提案入札案件があるから担当してもらえないか。あなたは中小企業診断士だから、ぴったりの案件だと思う」と会社から私に指名があった。この事業は人材確保に悩みを抱える中小企業に対し、課題解決を図るためのコンサルティングを提供する人材確保の支援事業である。

　本事業の責任者の要件は「中小企業の採用事情に精通し、コンサルタントを統

括・指導・支援することができる知識・経験・マネジメント力を有すること」であった。これまでの自分自身のキャリアと診断士資格をフルに活かせる舞台が目の前に現れたことで、これはやるしかない、コンペに絶対勝とうと、大いに気持ちも高ぶった。

③診断士ならではの事業企画

話を聞いたのは2月の初旬であったが、スケジュールを聞くと、2月中旬までに企画提案書提出、2月下旬にプレゼン実施、3月初旬に委託事業者決定、4月1日から事業スタートという超過密スケジュールである。しかも、コンペに勝たなければ仕事自体が受注できないため、提案書作成とプレゼンを担当する自分へのプレッシャーはかなり大きいものであった。

さすがにすべての企画提案書を1人でつくるのは無理なことがわかっていたため、部内の複数のメンバーに分担して手伝ってもらいながら提案書の作成を進めていったが、事業の骨子は自分が責任を持って設計する立場であったため、診断士としての専門性を企画内容に十分反映させることができた。

④事業の成功には人材が不可欠

努力のかいあって事業者に選定され、無事に2017年4月から中小企業の人材確保支援事業がスタートした。事業の立ち上げはスタッフの採用から事務所の準備に始まり、ほとんどすべてを自分でやらなければならなかった。“紺屋の白袴”ではないが、「人手が足りない中小企業を支援する自分たちが人手不足か」という何ともいえない思いに幾度もかられたものである。

そのような切羽詰まった状態の中でも、有力メンバーの事業参加や外部のサポートを得て少しずつ形になり、何とか事業の運営体制を整えることができた。事業の成功には人材が質・量ともに不可欠であることを、身をもって体験できたことは、現在の大きな財産となっている。そのときサポートしてくれた関係者には、先々まで感謝を忘れないようにしたいと思っている。

（4）採用支援に診断士資格をフル活用する

①戦略策定に診断士ノウハウを活用する

　中小企業の採用活動は大手企業と違って知名度もなく、採用予算もないのが一般的である。このような中小企業がとるべき採用戦略は自ずと限られてくる。「機会に強みを活かす」は、中小企業の経営戦略の基本的な考え方であるが、採用活動においても同様である。

　中小企業の人材確保支援の事業企画においては、診断士の基礎知識であるSWOT分析により、中小企業を取り巻く環境と要因分析を行い、人材確保のための基本戦略を策定した。

②コンサルティングプロセスを活用する

　自分で直接採用を行う中小企業経営者は多い。経営者は優秀な社員を採用したいと思っているが、実際はそう思うようにはいかないものである。また、長年人を採用してきた経験を持つ経営者は自分のやり方に自信があり、人を採用できないのは自社に問題があると思っていない方も少なくない。

図表 4-3-2　人材確保における中小企業を取り巻く環境と要因分析

外部要因

機会
- ○需要・消費の拡大による事業機会の増大
- ○働き方改革、一億総活躍社会の推進
- ○多様な人材（女性、高齢者、外国人等）活用の気運の高まり
- ○新たな採用手段・サービスの開発
- ○経験豊富な専門人材への注目
- ○理念経営の啓蒙推進の広がり
- ○IT（WEB、SNS等）社会の発展

脅威
- ○少子高齢化による労働力人口の減少
- ○有効求人倍率の高止まりにみる人材獲得競争の激化（超売り手市場）
- ○獲得したい人材スキルと労働者の持つスキルとのアンマッチ（雇用のミスマッチ）
- ○多様な働き方、ワークライフバランスを望む労働者の増加
- ○急速な経営環境の変化への対応（グローバル化、IT化、流通・商圏の変化）

内部要因

強み
- ○創業社長に見る強いリーダーシップ
- ○所有と経営の一致による外部圧力の排除（不本意なリストラ、方針変更がない）
- ○一つの分野に特化した専門性
- ○複数業務をこなす多能工（マルチ）人材の持つ付加価値の高い労働生産性
- ○「顔が見える」少人数社員間の良好な職場コミュニケーション

弱み
- ○労働市場理解の不足
- ○知名度、求職者に対する魅力発信力の不足
- ○大企業との待遇格差（給与、賞与、福利厚生、手当等）
- ○少ない休日、長い労働時間の過重労働
- ○採用ノウハウの不足
- ○採用専任担当の不在
- ○入社後の受け入れ態勢、教育制度

　人材確保支援事業で提供する採用コンサルティングでは、専門家が第三者として客観的な目線で経営者にヒアリングすることからスタートする。この点は、診断士試験で学ぶコンサルティングプロセスと同じである。自社の強みと弱み、今後どのように事業を伸ばそうと思っているかなどの情報は、まさに求職者が知りたい情報であるため、これらを整理して際立たせ、求職者への魅力発信につなげていくことが採用支援の基本となる。

③診断士の人脈を活用する

　人材確保支援事業の中では、コンサルティング以外にも年間 20 回程度、人材確保に役立つテーマのセミナーを開催した。ここで重要となるのは、テーマに沿ってセミナーを実施していただく講師の選定である。集客面、コンテンツ、予算、スケジュールを加味すると、著名な先生ばかりを呼ぶことは難しく、一方でまったく知らない講師の起用もリスクが高い。

　ここで私の診断士活動で得た人脈が活きることとなった。東京都中小企業診断士協会（以下、「東京協会」）でご指導を受けた先生や、私が所属している東京協会認定の「人を大切にする経営研究会」でご講演いただいた中小企業の経営者に登壇していただき、盛況のうちにセミナーを開催することができたのである。

　このように実際の仕事で活用できる人脈が広がることも、診断士資格の大きなメリットである。

(5) ライフワークは「人が集まる会社づくり」

　人材確保支援事業では、事業メンバー約 20 名とともに、3 年間で 700 社を超える中小企業を支援し、ほぼ設定目標通りの成果を得ることができた。

　今後も診断士としての研鑽を積みながら、「人が集まる会社づくり」を最大のテーマとして、中小企業の経営支援、人材確保支援を自分のライフワークにしていきたいと考えている。そして最終的には「良い会社とは何か」という命題に対する自分なりの答えを必ず見つけていきたいと思う。

土日・夕方の時間を活用し
商店街を支援

現在、私は勤務先で部下とともに主に事業部の事業計画策定やその実行管理を担当するかたわら、土日や夕方を活用し商店街を支援している。商店街支援は診断士らしい活動であり、一度は経験したほうが良いと思う。ここでは、幸運に恵まれ担当している谷中銀座商店街での取り組みを紹介する。

（1）商店街支援のきっかけ

診断士登録後、企業内診断士の仲間と中小企業に対する診断活動を行っていた。このとき商店街の支援をしている企業内診断士と出会い、聞けば東京都中小企業診断士協会（以下、「東京協会」）の派遣で、東京協会からお金をもらって活動をしているとのことであった。商店街支援は診断士らしい仕事で、しかもお金がもらえるということで、やってみたいと思ったのがきっかけだった。

（2）谷中銀座商店街に派遣決定

東京協会城北支部の懇親会で、知り合いの先生に商店街支援を希望している旨お話ししたところ、ちょうど台東区の商店街に東京協会として派遣する診断士を探しているとのことであった。すぐその場で台東区中小企業診断士会の会長をご紹介いただきお話をした。会長とは同じ理系で話が合い、派遣候補先である谷中銀座商店街の理事長面談に行くことになった。6月に杉田浩理事長とはじめてお会いし、了解を得て派遣が決まった。

多くの診断士から「良い商店街を担当することになったね」と言われ、恥ずかしながら全国的に有名な商店街であることを初めて知った。また、台東区中小企業診断士会の会長は大学の大先輩であることが判明、杉田理事長からは「自分は

理事長として新人だから、あえて商店街経験のない私を選び一緒に考えていこうと思った」と聞いた。まさに幸運に恵まれての2年間の派遣（任期1年、延長1年）がこうしてスタートした。

（3）関係づくりと現状把握

　支援対象は商店街組織である。商店街の理事会に出て議論を聞きながら適宜アドバイスをすれば良い。しかし、アドバイスといっても商店街のことをまったく知らないため、このままでは有益なアドバイスはできないと思った。そこで関係づくりと現状把握に取り組むことにした。

①理事長、青年部長との関係づくり

　杉田理事長は豆腐屋さんを営まれていて、夕方6時過ぎにはほぼ仕事を終え、道を挟んだ向かい側にある越後屋酒店でビールケースに腰掛け、ビールを飲むのが日課になっていた。私は夕方にお邪魔し、一緒にビールを飲みながら世間話から商店街のことまでいろいろなお話をした。青年部長のお店にも定期的にお邪魔した。青年部の会合に参加してもらうと聞いており、青年部長とも関係づくりをしたかったからだ。杉田理事長と交わした会話を共有したり、青年部の様子を聞いたり、これまでの取り組みを聞いたりした。

②台東区役所との関係づくり

　6月の杉田理事長との面談に先立ち、台東区役所の産業振興課にご挨拶にうかがった。派遣先の選定には産業振興課の方々が関わっており、面談に同行すると聞いていたからだ。この時はじめて、商店街を見てくれているのは産業振興課の方々で大切な存在であることを知った。産業振興課の方々と連携すれば商店街にとってより良い支援につながると思い、東京協会の了解を得て東京協会に送付する月次報告を産業振興課の方々にも共有した。

③前理事長へのヒアリング

　谷中銀座商店街には前理事長が立ち上げた商店街のWebサイトがあり、ここからかなりの情報収集ができた。商店街のイベントやお店の紹介だけでなく、歴

史や経年の通行量調査結果まで掲載していたからである。Webサイトにここまで掲載している商店街はなく、前理事長のお話が聞きたくなり杉田理事長にご紹介いただいた。前理事長は地元のお客さまに来ていただくため、25年にわたりさまざまな取り組みを行っていた。その取り組みを中小企業大学校で教えているとても偉大な前理事長であった。取り組みの背景やアイデアの原点、退任の直前まで考えていた今後の商店街についての悩みを聞かせてもらった。大変参考になり自分の勉強にもなった。とてもありがたかった。

④現地調査

8月に産業振興課を訪問し、過去および今後の補助金の実施について教えていただいた。並行して谷中銀座商店街を何度も訪問し、商品を買ったり、お店の方にヒアリングしたり、夏祭りに参加したりした。こうして9月頃には商店街の現状と課題の把握を完了し、杉田理事長に結果をご説明した。杉田理事長からは若い人たちにも聞いてもらいたいので11月の青年部で話をしてほしいと言われた。ようやく青年部の会合に参加でき、うれしかった。

（4）具体的な支援事項

①基本方針の策定支援

谷中銀座商店街の最大の課題は来街者の変化への対応である。それまで平日、休日とも8千人の来街者であったが、平日は1割減る一方で、休日は4割増えていた。経営資源が限られる状況では、成長が見込まれる休日の来街者をターゲットとする戦略をとるべきであろう。しかし、平日のお客さまをおろそかにすると商店街の良さである下町らしさが失われてしまうのではないか、下町らしさを失うと、結果的に休日のお客さまも減るのではないかと心配した。

私の心配を含め杉田理事長にお話をし、課題への対応についてのお考えを確認したところ、「両方のお客さまに対応していくことが難しいのなら、あえてその困難に挑戦してみよう」との判断であった。前理事長が最後まで悩まれていた来街者の変化に対する基本方針が決まったのである。

図表 4-4-1 Web サイトに掲載した商店街の基本方針

● 新しいチャレンジ

平成24年に四半世紀ぶりに理事長交替を行いました。これまで谷中銀座の発展の礎を築いた前理事長が40代後半の若い新理事長に次の時代を託したのです。偉大な理事長の後を引き継いだ新理事長のもと理事会、婦人部、青年部が一体となり、開放的な商店街をめざし地域との連携や広域への対応に意欲的に取り組み「難題」に挑んでいます。プロの音楽家イベントでの地域小学生の共演、スタンプを集めているお客様の食事会ご招待の復活、ソーシャルメディアを使った情報発信、遠くからの来街者を想定した谷中マップ作りなど、地元、観光両方のお客様に満足いただける様々な取組みを行っています。今後も様々な取組みを行い、皆様に愛される商店街を目指してまいります。近隣型と超広域型の両立とは、全く異なる2つのタイプのお客様へ対応していく事であり、難しい対応であると思っております。経営資源に限りのある商店街にとって超難問への挑戦です。この新たな挑戦に今後も意欲的に取組んでいく所存ですので、どうか谷中銀座を末永くご愛顧、応援くださいますよう、よろしくお願いいたします。

谷中銀座商店街振興組合

この基本方針を、後述する Web サイトのリニューアルの際に「新しいチャレンジ」として掲載した。**図表 4-4-1** をぜひ読んでほしい。杉田理事長の思いが伝わればうれしい。昨年、Web サイトは全面リニューアルされ、残念ながらこのページはなくなっているが、基本方針は引き継がれ、さらなる進化を遂げ最新の Web サイトに記載されていることを補足しておく。

② Web サイトリニューアル支援

Web サイトのリニューアルを支援してほしいと依頼を受けたのは、派遣から半年が経過した12月である。8月に産業振興課の方から来年度の補助事業対象として申請されていると聞いていたが、それまで正式に依頼がなかったため、とてもうれしかった。

早速、企業内診断士が店主へインタビューし、Web サイトに掲載するお店紹介・商品紹介を店主の視点で作成する提案を行い了承された。企業内診断士12名で45店舗分の記事を作成した。作成にあたっては、谷中銀座商店街の基本方

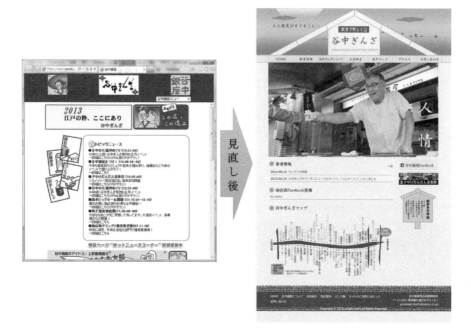

図表 4-4-2　見直し前と見直し後のトップページ

見直し後

針を踏まえ、地元のお客さま向け商品と遠くからいらっしゃるお客さま向けの商品の両方を紹介するよう店主への働きかけをお願いした。

　お店紹介・商品紹介以外のページは青年部との協議で決めていった。トップページに新たに配置した11枚のキーワードを付した写真によるスライドショーは、青年部のアイデアである。青年部にすべてを任せた杉田理事長はキーワード「人情」で3番目のスライドで登場する（**図表 4-4-2**）。他のページも青年部が積極的かつ具体的に意見を述べ制作に関わった結果、とても良い Web サイトができあがった。達成感を得られた支援であった。

③谷中まち歩きマップ作成支援

　古くなっている谷中まち歩きマップも Web サイトの1つのコンテンツとして作り直す予定であったが、Web リニューアルの予算不足が判明した。予算は前

年7月に商店街が補助金の申請予定として台東区に報告し、東京都と台東区が助成額を予算化しているので増額はできない。

そこでマップを「にぎわい補助金」で作成することを提案し、杉田理事長の了承を得た。提案をしたものの、補助金の申請ははじめてのことであり申請書の作成に苦労した。後からにぎわい補助金はWebサイト制作に使えないことがわかり、マップを印刷物として制作し補助金の規定に反しない範囲でWebサイトに流用した。これまでと異なるカジュアルな雰囲気のマップは大変好評であったため、すべての苦労が報われた気分になった。

④その他の支援

その他の支援として、商店街の雰囲気や様子をタイムリーに伝えたいとの要望を受け、Facebookの商店街ページを提案し立ち上げを支援した。また、杉田理事長の谷中での講演のため投影用のスライドと講演原稿案を作成した。ちょっとした支援として、商店街のチラシ原稿の作成を手伝ったりもした。

以上が東京協会から派遣された2年間の支援である。その4年後、縁あって再び谷中銀座商店街の支援に入ることができた。台東区中小企業診断士会が台東区より受託した業務で、谷中銀座商店街に派遣されたのである。派遣は2年目に入り、理事会に参加し情報提供や提案を行っている。

(5) 私の経験からのアドバイス

最後に商店街支援に限らず案件を得るためのアドバイスで締めくくりたい。

診断士は自ら動かないと案件を得られない。支部や研究会、合格仲間の集まりなどに参加し、そこで募集のかかった案件に自分から手をあげよう。

どうせまたチャンスはあるだろうと思ってはいけない。そうそう自分の心に引っかかるような案件はないので、すぐに手をあげることが大事だ。もし実務補習の先生から声がかかったら、それは滅多にないありがたいことである。まずはやってみることをお勧めする。皆さんが無事合格し、一緒に活動できる日を楽しみにしている。また、商店街支援活動でお会いできればうれしく思う。

第5章

私はこうして
独立・転職した

1　夢の独立・成功への方程式

（1）20 歳代で中小企業診断士に挑戦、そして合格

2019 年 4 月、診断士として夢の独立を果たした。それは診断士試験合格登録から 32 年目のことであった。長年勤務した東芝を退職し、熱き想いを持って独立を果たした。

1981 年、東京芝浦電気（現・東芝）に入社。将来、海外駐在したいという強い希望を持っていた私の入社時の配属希望は海外営業であった。

しかし、最初の職場は川崎の工場で、購買課に配属になった私は、部品や材料の納期フォローや価格交渉を担当した。見積依頼書、注文書等の一連の伝票書類への記入、捺印等、伝票処理に忙殺され、1 日の仕事が終わると、もうクタクタであった。

新人時代の私は電気・機械図面の知識は皆無であり、業務上、原価計算、財務分析、労務管理、鉱工業に関する知識の習得が必要であった。

1986 年、診断士試験に挑戦することになり、1 次試験、2 次試験に合格し 3 次試験（実務補習）を終え、翌年の春に登録できた。しかし、私の希望は海外勤務であったので、資格を取得したものの、まったく独立する気持ちにはならなかった。

1990 年、本社国際調達部へ転勤となる。1994〜2000 年、夢の海外駐在（東芝アメリカ社ボストン支店長）も経験した。その間、趣味のマラソンを続け、ボストンマラソン 2 回、ニューヨークマラソン 1 回を完走できた。

帰国後も診断士資格は更新する一方で、東芝で国内外の中小企業とのビジネスに没頭し 61 歳までさまざまな経験を積むことになる。担当製品は航空、放送、洗濯機、電子レンジ、冷蔵庫、空調、半導体、金属材料、ヘルスケア（X 線、

CT、MRI、超音波画像診断装置）等、多岐にわたった。60歳定年後も、65歳まで東芝グループ勤務を継続する予定であった。しかし、4年前倒しし、2019年3月退職、4月に独立した。

（2）平成から令和新時代に独立

　資格を活かして平成から令和への節目の年に独立することを計画し、退職の4ヵ月前から準備をスタートした。

　東芝では利益追求が第一で、利益の源泉である材料費のコストダウンが最大の使命であった。勤務場所は神奈川、東京、ボストン、愛知、大阪、栃木と広域にまたがり、国内外の中小企業とのビジネスも経験した。独立の準備を始めた時に考えたことは、資格を活かして全国の中小企業の支援を行い「中小企業からありがとうと感謝される仕事をしたい」というものであった。独立を決断した理由は次の4点である。

　①診断士資格を活かし、やりがいのある公的な仕事がしたいため
　②年老いた親の介護に時間を割きたいため
　③東芝の早期割増退職金が支給されるため
　④後任者が着任したため

　退職するならこのタイミングしかないと決断した。独立を決めたものの最低限の収入を確保しなくてはならないと考え、就活をスタートした。

　資格を最大限に活用し、中小企業との取引の経験、資材調達の職務経験、役職者としての経験、海外での責任者としての経験等を棚卸しし、頭の中を整理して履歴書、志望動機書の作成に取り組んだ。

　①自分が今後やりたい、やりがいのある仕事は何か
　②社会に貢献できる仕事は何か
　③親の介護の時間も取れる仕事は何か
　④趣味のマラソンの練習時間を取れる仕事は何か

　書類選考と面接の結果、いくつかの合格通知をいただいた。その中で、独立行

政法人中小企業基盤整備機構「中小企業支援アドバイザー」と公益財団法人東京都中小企業振興公社「発注コーディネータ」の2つの委嘱契約を結び、やりがいのある仕事と収入の安定を図ることができた。

（3）人生60歳からが勝負

サラリーマンは出世が一番であり、定年がゴールと考える方が多い。しかし、私は「人生60歳からが勝負」という心境になった。70歳を超えても第一線で活躍している諸先輩を数多くお見かけした。私も1社でも多くの中小企業から感謝される仕事を生涯続けていけるように精進の日々を送っている。

そして、マラソンと診断士は生涯現役でいたいという想いを強くした。60歳を超え、マラソンの世界では年代別の表彰があり、出場する大会で優勝や入賞することもできた。

（4）独立時の環境整備と人脈づくり

いざ独立という段になると、次のように決めなくてはならないことが出てくる。

①法人か個人事業主か

②事務所か自宅か

③仕事は公的機関か民間か

私は個人事業主として自宅で開業し、公的機関の仕事からスタートした。この世界では、実績・経験・信用がないとまずは仕事にありつけない。診断士としてこの3要素を積み上げることから始めなくてはならない。

この壁を突破する方法として、まずは人脈づくりから始めた。東京都中小企業診断士協会の研究会の門をたたき、その懇親会に必ず参加し、人脈づくりに精を出した。研究会等での執筆活動や講演・セミナー講師を担当するうち、さまざまなオファーをいただくようになった。1年目はとにかくお金と時間を惜しまず、積極的に人の輪の中に入れていただけるように取り組んだ。

（5）独立後、会社生活を振り返って

　東芝時代を振り返ってみて、その経験が診断士業務を行う上で、プラスに働いていることが多くあった。

　成功したこと、失敗したこと、苦しかったことの中で、現在、診断士として仕事をする上で役に立ったことは次の通りである。

①工場勤務の経験

　ものづくりの現場で、大企業側のものの考え方と中小企業の立場や視点を自然に学ぶことができた。設計・生産管理等の考え方、財務・総務に関連する知識も習得できた。

②海外ビジネスの経験

　海外メーカーと国内メーカーのものの考え方の違い、国や地域によってのビジネスの進め方の違いを学ぶことができた。一番苦しく命がけで取り組んだ経験は、韓国の調達取引先の倒産処理であった。日本でも倒産処理は大変だが、異国の地で貴重な体験を積むことができた。

③地方勤務の経験

　私は愛知・大阪・栃木の工場に単身赴任した経験を持つ。愛知では地元トヨタの資材部長との情報交換会で、トヨタのカンバン方式やコスト削減手法を学ぶことができた。栃木ではGE、シーメンス、フィリップスといった世界の医用機器メーカーに勝つためのビジネスの進め方を学んだ。

④管理者としての経験

　部下の管理で一番苦労したのは、メンタル面での不調から休職している者が復職する時にサポートした経験であった。一般の人には復職者の苦しみは理解できないので、復帰してきた者を好意的に職場で迎え入れることが難しい雰囲気であった。

　私はその部下には、話を聴いてくれる上司に徹した。定期的にその部下の主治医との面談のため病院訪問もした。努力のかいがあって、無事に復職し、今では通常勤務に戻っている。

別の職場では車いすの部下を採用した。身障者のための施設（トイレ、エレベータ）のチェックや通勤経路の確認、懇親会の時はバリアフリーのレストランを選定した。部下にはさまざまな悩みを持った者が多くいるので、常に聴く耳を持って接することを心がけた。

　米国では現地人スタッフの採用、昇給査定等、労務管理にも直接携わり、ハラスメント等にも注意を払い、事務所のモラルアップに取り組んだ。

　専門の業務のみならず、関連した別の分野の管理業務にも積極的に取り組まれることをお勧めする。独立後にきっと役立つことになる。

(6) 独立・成功への方程式

　独立に向けた準備や独立してから軌道に乗せるための「独立・成功への方程式」は次の通りである。

●独立・成功への方程式 　成功＝資格×人間性（信頼）×知識・経験×人脈×運（タイミング）	
資格	中小企業診断士資格　試験合格や養成課程修了で取得
人間性（信頼）	中小企業経営者や他の中小企業診断士から信頼されること 約束を守る、時間厳守、問い合わせには即座に回答する 嘘をつかない、他人の悪口を言わない 何事にも前向きに、真面目に取り組み、最後まで責任を持つ 「この人なら仕事を任せられる」という信頼感が大切
知識・経験	コンサルティングの基礎知識、業界知識、新技術動向等 企業内でチームリーダー役職者経験、部下の労務管理経験
人脈	学生時代やサラリーマン時代の人脈　中小企業診断士のみならず、その他の士業の方（弁護士・公認会計士・税理士・社会保険労務士・技術士等）との人脈 研究会・懇親会等に積極的に参加すると自然と広がる
運（タイミング）	就職や結婚と同様、運、タイミングに左右される 日頃、「自分は運の良い人間だ」と信じること

　もう1つ気をつけていることは「セルフコントロール」である。体調管理、スケジュール管理、仕事の進め方、仕事とプライベートとの時間の配分等、すべて自己管理のため、自分自身のキャパを超えてしまっては心身の健康を保てなくなる。この点だけは注意をしている。

　図表5-1-1 に示した研究会活動により、コンサルティングの基礎知識から応用動作の習得、実務実習、起業家オーディション受賞企業の支援、企業訪問相談支援、ビジネスマッチング支援等、数多くのチャンスと出合いを経験できた。懇親会を通して積極的に交流することで、人脈を広げることができた。これについては、東芝時代の 30 年分くらいをこの 1 年で経験した。

　私の基本姿勢は「中小企業から感謝される支援活動を行うこと」であり、生涯変わることはない。診断士とマラソンは生涯現役を続行中。今日も人生のゴール目指して走り続ける。

図表 5-1-1　私の所属する研究会等

フレッシュ診断士研究会	30 年の伝統、診断士の登竜門　小林先生のご指導により卒業生は各分野で活躍
人を大切にする経営研究会	日本の中小企業の鑑となる企業経営者の講話は感動の連続
経営革新計画・実践支援研究会	「経営革新計画」のフォローアップを実践でき、実力が身につく
組織開発研究会	人事・教育・労務・組織活動に視点をあてたアットホームな会
事業承継研究会	「事業承継マニュアル」改訂プロジェクトに参画。経営者の苦労話を聴ける
医療ビジネス研究会	医療関係者の働き方改革についてのプロジェクト活動に参画
ワールドビジネス研究会	大使館との交流や海外支援の実践の講話を聴くことができる
財務診断研究会	さまざまな業種の財務内容を分析・研究できる
ものづくりイノベーション研究会	工場勤務経験を活かし、中小製造業の支援の実践を学ぶことができる
城南コンサル塾	東京協会で最古のコンサル塾。実務実習や模擬講演はかなりハード
東京大田中小企業診断士会	大田区の中小製造業支援の実践ができる
川崎中小企業診断士会	「かわさき起業家オーディション」創業支援、経営・地域支援活動に参画

2 独立前の計画と予期せぬチャンス

　サラリーマン生活の先が見え、希望部署への異動も認められない上に、健康を害した私は、40歳半ばにして転職を考え始めていた。

　診断士の勉強を続けていたが、成功体験者の本を読むにつれ資格取得後すぐに独立を強く考えるようになった。その要件を満たすべく養成課程を卒業し、ただちに創業の準備に入った。

(1) まずは研究会、セミナー、ネットで情報収集

　2018年9月、無事に養成課程を卒業したが、診断士としての登録は11月であり、その間は診断士として活動できない。

　自宅が神奈川県であることから神奈川県の診断協会に入ることを漠然と考えていたが、軽い気持ちで東京都中小企業診断士協会（以下、「東京協会」）の新人診断士勧誘イベントに参加して、運命の出会いをした。

　診断士試験の受験勉強中に、時には下がるモチベーションを上げるために読んでいた『中小企業診断士の資格を取ったら読む本』、『フレッシュ中小企業診断士の合格・開業体験記Ⅲ』を執筆・編集されていた小林勇治先生に巡り合ったのだ。私はその場で、東京協会と小林先生の研究会2つに入会することを決めた。

　研究会での勉強もためになったが、その後の懇親会がさらに有意義であった（現在も続いている）。診断士としてのイロハを習うだけでなく、診断士の初仕事はこの研究会で知り合った先生のサブであり、言葉使いから資料作成まで非常に丁寧に教えていただいた。さらに、夜の懇親会で出た話の中から仕事も複数いただいた。独立当初の仕事のない自分にとっては、本当に救いになった。

　夜の懇親会を欠席する方も多いが、非常にもったいないと思う。普段は気難し

そうで話しかけにくい先生も、お酒が入ると途端に饒舌になり、前述の通りアドバイスのみならず、仕事まで回してもらえることもある。私は体調の問題であまりお酒は飲めないが、ウーロン茶だけでも、十分に話は盛り上がるものである。

　現在（2019年10月）、診断士関係だけで11の研究会・団体に参加している。さらに東京協会支部活動のお手伝いや、神奈川県中小企業診断協会のイベントへ可能な限り積極的に参加をしており、人脈形成だけでなく実際の仕事の獲得にも役立っている。

（2）最初の顧客は自分

　創業後は顧客を持ちながら活動することを考えていたが、今までコンサルタントの経験がほぼ皆無な私は、誰に働きかければ良いのか、何をしたら良いのか、顧客はどのようなことを望むのか、そのためには何をすべきかについて情報収集し、その結果をもとに整理・計画することが大切と考えた。

　まず自分を創業希望の顧客と想定し、創業計画を立てた。

①マンダラチャートの作成

　最初に行ったのが、**図表5-2-1**のマンダラチャートの作成である。

　作製方法は、まず全体を3×3の9つのブロックに分ける（太字枠）。さらに、そのブロックの中を3×3の9つのセルに分ける。そうすると、合計81のセルが

図表5-2-1　マンダラチャート

診断士協会勉強会	読書・自己学習	ランニング	仕事紹介	アウトソーシング	協業仲間	信頼獲得	2,3級勉強	協会内PR
財務	**スキル**	復習・記録	診断士交流会	**人脈**	T先生	協会勉強会	**販売士**	講師実績
無料診断下請け	メンター	統計士	オ…	提携他士業	生産性本部	商店街への売込	セミナー開催	外販の提案
見込客管理	書式	書類管理	**スキル**	**人脈**	**販売士**	退職金	定額収入	運用
プラットフォーム作り	**システム**	定価表	**システム**	**創業**	**資金**	ベンダー	**資金**	副業FP
規約	会計	紹介システム（委託・受託）	**営業**	**Web**	**自己管理**	青色申告	ネットバンク	購入備品計画
公的機関登録	口コミ	執筆	HP	電子決済	ブログ	健康	日々の時間管理	理念・ビジョン
ミニ研修会	**営業**	異業種交流会	ランサーズ他	**Web**	Facebook	10年後のありたい姿	**自己管理**	家族の協力
先輩からの紹介	ミニコミ紙寄稿	知人へPR（メール、はがき）	パソコンスキル	ツイッター	データ管理	仕事場所	起業提出書類	シンボルキャッチフレーズ

できあがる。まず全体の中央のセルに大目標（この場合「創業」）と書き、その
まわりに大目標を達成するために必要と思わる項目を列挙する。そして、列挙し
た項目をさらに外側のブロックの中央に記載し、その項目を達成するために必要
と思われることをあげる。

　私の例では、創業という大目標に対し、スキルから自己管理まで8つの項目を
あげた。その項目を達成するための具体策として、さらに各々8つあげた。

　創業時にはやりたいこと、やらなければならないことが多く、系統立てて整理
することは今思うと、思考の整理に役立った。

②年間目標の設定

　次に、図表 5-2-2 のように5年後までの年間計画を立てた。絵に描いた餅で
あるが、絵に描かないよりはましと考え作成した。次の数字計画とともに、11
月の診断士登録前の空いた時間に作成している。

　大きな方針として、25年以上勤めた商社を円満退職しているため、それなり
の退職金があり、贅沢をしなければすぐに食べることには困らないので基礎固め
をしっかりすること、診断士以外に1級販売士（登録講師）と2級ファイナン
シャルプランニング技能士（中小事業主資産相談業務）の資格を持っており、こ
れらを有効に活用しようと考えていた。

　この年間計画と同時並行で数字計画を作成した。実際にはこの計画の PDCA

図表 5-2-2　年間計画

	～2019.12	～2020.12	～2021.12	～2022.12	～2023.12
年度目標	経験を積みスキルアップと今後の主営業項目を見極める。	見極めた営業項目を先鋭化する。	高付加価値化、黒字化する(年収6,000千円)。	設備投資をする。多角化。	年収 30,000千円。法人化。弟子を教える。
サブ目標	人脈形成。	民間リピート顧客を確保する。	顧問契約を確保する。	法人化への準備。	セカンドハウス（診断士業務もする）。
	公共の仕事受注。				

図表 5-2-3　数字計画（売上）

（金額単位：円）

	~2019.12			~2020.12			~2021.12			~2022.12		
	単価	回数	金額	単価	回数	金額	単価	回数	金額	単価	回数	金額
Web	10,000	52	520,000	10,000	52	520,000						
先生のお手伝い	10,000	20	200,000	10,000	20	200,000						
まわりへの口コミ（初期）	20,000	10	200,000	20,000	10	200,000						
公共機関へのセミナー	0	2	0	10,000	2	20,000	10,000	2	20,000	30,000	2	60,000
HP等からの集客	30,000	3	90,000	50,000	6	300,000	100,000	6	600,000	100,000	12	1,200,000
公共機関	30,000	12	360,000	30,000	12	360,000	30,000	24	720,000	30,000	24	720,000
民間契約				100,000	24	2,400,000	100,000	36	3,600,000	120,000	48	5,760,000
顧問契約							30,000	12	360,000	50,000	24	1,200,000
他士業からの紹介							50,000	3	150,000	50,000	6	300,000
民間セミナー・講演	0	4	0	10,000	4	40,000	100,000	6	600,000	100,000	6	600,000
印税										100,000	2	200,000
合計			1.370,000			4,040,000			6,050,000			10,040,000

を回すことが重要になる。

③数字計画

　4年先までの数字計画をつくり上げた（**図表 5-2-3**）。数字がすべてではないが、数字は自分の評価への基準となる。同様に費用についてもおおよそで作成している。詳細は割愛するが、1年目は赤字決算の予定である。

　これらの計画に基づき、ついに2019年1月に創業した。

（3）次々と崩れる計画

　これらの計画は根拠が薄いので修正が入るのは覚悟していたが、4月までの4ヵ月間収入がまったくなかったのは、やはり精神的にはつらいものがあった。

特に初期にあてにしていた Web 関係、診断士先輩先生のお手伝い、ホームページからの収入はほぼ皆無であった。

商工会議所などへも営業に行ったが、相手にされず門前払いの日々が続いた。金額が少ないのは構わないが、まったくチャネルが構築できないことに焦りが生じたのはこの時期である。

また、費用として研究会・勉強会で 50 万円、会議費（懇親会）費用として 20 万円、交通費として 10 万円を年間予算計上していたが、東京協会のマスターコース（診断士がさらに勉強するコース）に入ったことや、都内に頻繁に出かけることから交通費がすぐになくなりそう（実際、6 月にはすべての予算を使い切った）であったことも将来への不安を増幅した。

ただ、今振り返るとこの時に付き合った多くの診断士の先輩から私の人間性を信頼してもらったことが次につながった。私の知らなかった補助金や各種制度などについて教えていただいたことが、その後のチャンスをつかむきっかけになったのである。もし、教えていただいていなければ、そもそもチャンスが訪れたことを知らなかったであろう。

（4）予期せぬチャンス

チャンスは突然、それも続けてやってきた。会社を退職した時に退職と独立開業のお知らせをセットにした挨拶状を 200 枚ほど送ったが、2 件ほど連絡があったのである。

もともと、馴染みのある業界（退職直前まで仕事をしていたので当たり前だが）であり、強み・弱みや業界特性などは熟知していたので、話は早かった。うち 1 件は顧問契約に至り、今も月 1 回以上訪問し、財務や新事業、補助金などのお手伝いをしている。

また、教育者として実績がないため、あまり期待せずに応募していた専門学校の講師としての年間契約が決まった。診断士とはまったく関係のない一般の学校であり、経営学などの科目をサラリーマン時代の経験や診断士としての知見を交

え、面白おかしく講義することを心がけている。

さらに、ある団体からも2件目の診断業務の仕事をいただいた。1件目は1月にいただいたが、おそらく新人お試しの要素が強かったと思う。引き続き、なぜ2件目の仕事をいただけたのか尋ねてみた。

その時の回答が「専門性の高い先生は他にいたのですが、福田さんは関係者と問題を起こさないと思うので」というものであった。当時、その団体は収益部門として独立発足したばかりであり、関係者と問題を起こすことは一番のタブーだったのである。新人の能力は未知数であるが、人間性は見られているものだと深く感じたものである。

(5) 計画の見直しと今後

約1年経過し、数字計画（売上）を実態に合わせ見直した（**図表 5-2-4**）。

金額については割愛するが、1年目に収入を期待していたチャネルのうち、実際に収入があるのは公共機関だけである。後は考えもしなかった専門学校講師や難易度が高く難しいと予想していた民間契約や顧問契約、独立時にはまったく知らなかった補助金・助成金と執筆などである。

実は商工会議所の経営相談員や各種の募集も多くある。自身のアンテナを高く張っておけば、チャンスはいくらでもある。

診断士は取っても食べていけない資格であると言う人がいる。しかし、資格を取っただけで食べることができるような時代は、既に終わったと言っていいだろう。資格を取ることはゴールではなく、スタートなのである。

診断士は他の資格と異なり、診断協会や診断士同士が仕事を紹介・融通することが多いと思う。その際に大切なのは、IQだけではなく、むしろEQ（心の知能指数）を高め信頼できる人間であるように務めることと、いつチャンスが来ても対応できるように準備しておくことだと、最初の1年間を過ごして感じた。

図表 5-2-4　見直し後の 2019 年数字計画（売上）　　（金額単位：円）

	計画			実際		
	単価	回数	金額	単価	回数	金額
Web	10,000	52	520,000	0	0	0
先生のお手伝い	10,000	20	200,000	0	0	0
まわりへの口コミ（初期）	20,000	10	200,000	0	0	0
公共機関へのセミナー	0	2	0	0	0	0
HP 等からの集客	30,000	3	90,000	0	0	0
公共機関	30,000	12	360,000	＊＊＊	＊	＊＊＊
民間契約			2 年目以降	＊＊＊	＊	＊＊＊
顧問契約			3 年目以降	＊＊＊	＊	＊＊＊
他士業からの紹介			3 年目以降	＊＊＊	＊	＊＊＊
民間セミナー・講演	0	4	0	0	0	0
印税			3 年目以降			3 年目以降
専門学校講師（追加）				＊＊＊	＊	＊＊＊
補助金・助成金（追加）				＊＊＊	＊	＊＊＊
執筆（追加）				＊＊＊	＊	＊＊＊
合計			1,370,000			＊＊＊

3　先にコンサル会社を起業した失敗を活かした

（1）伯父が倒れて、サラリーマンをやりながら起業

　2015年6月に伯父が倒れ、誰も事業を引き継ぐ人がいない状況になった。入院してしまったため、とりあえず伯父の事業を支えるコンサル会社としてサラリーマンをやりながら起業することにした。

　法人はあえて株式会社にすることとし、定款には伯父が個人事業として営んでいた「不動産管理」と、いつかはやるつもりであった憧れの「経営コンサルティング」と一応は書いていた。

　ITには詳しいつもりで、システム開発だけではなく顧客の業務の効率化やITに関わる新規事業開発といったITコンサル的な動きはしていた。そのため、ITコンサルならできるだろう、しかし定款にITコンサル業と書くと幅を狭めてしまうのでもったいない、それくらいの感覚で経営コンサルと書いていた。

　サラリーマンの通常業務を行いながら、起業や業務の引継ぎなども重なり、21勤務1日休み、また21勤務1日休み…の激務が半年続いた。

（2）とりあえず経営コンサル会社ではコンサル会社は成り立たない

　2015年12月に法人登記し、半年間の激務のおかげで業務は徐々に収束していた。しかし、どうしても平日の業務がなくならないため、サラリーマンを続けていくには困難と考え退職した。

　独立した後、売上は完全に不動産管理業務の方で立つようになる。そもそも営業もしなかったため、経営コンサルの話はまったくなし。さらに不動産管理業をやればやるほど経営コンサル業はどんどん後回しになっていく。人間は楽な方、楽な方に行ってしまうものである。

そんな中、本書の編著者である小林先生から 2016 年春に「そろそろ中小企業診断士の資格を取りなさい」と言われるも、スルーしてしまう。

10 数年前、製造業の会社で働いていた私は、小林先生から直接、勤めていた会社の経営革新コンサルティングを受けたことがある。目の前で As-Is・To-Be モデルを書いていただき、それを実行することで会社の業務が激変していく。経費もみるみる削減されていく。ベンダーから提示されたシステム開発の見積もりが半額にまで落ちていく。このとき私は「診断士とは何て素晴らしい職業だ！」と憧れる反面、「自分には絶対無理、このような神業はよほど頭の良い人にしか務まらない」と勝手に思い込んでいた。

憧れていた経営コンサルという仕事だが、名乗っただけでは当然できるわけもない。不動産管理会社としては失敗とまでは言わないが、経営コンサルティング会社としては完全に失敗である。

（3）診断士の勉強は、起業する前から存分に活かす

2016 年の夏、起業して半年以上が経過し、順調に売上も立っていた。激務から解放されつつあり、ランチがてら昼間からお酒を飲み始めた自分がいた。天気の良い日に、昼間から飲むお酒というのはまた格別であった。

そんな時、あまりに怠けている自分に気がつく。このままでいいのか、憧れているだけでいいのか、不動産管理会社のままでいいのか、私は不動産管理会社の社長になりたかったのか…違う。

このままでは、まずい。2016 年秋に心機一転して診断士試験の受験勉強を始めた。小林先生との出会いでは、中小企業診断士は神さまだと思っていたが、どうせやるなら徹底的に勉強し、少しでも近づこうと、一発合格を目指して猛勉強を始めた。

ところが診断士の勉強をしていくうちに、さまざまなことに気づかされるのである。これには自分の不勉強さを改めて実感させられることになった。自分が経営者としても失格であることに、診断士の勉強を通じて気づかされたのである。

図表 5-3-1　起業後に 1 次試験で学び気づかされたこと

試験科目	試験勉強中の気づき
経済学・経済政策	理系出身と言いながら経済学を避けていたため、ほとんど初耳のことばかり
財務・会計	キャッシュフロー計算書をつくらず、自社の資金難に気がついていなかった 財務・会計を学びしばらくした時、ハッと気がつき夜中に飛び起きる「再来月、資金ショートして倒産するのでは…」
企業経営理論	経営理念がないため、売上が立つ不動産管理業にあぐらをかいてしまった 中期計画を立てていないことに気がつく、だから経営コンサルティング業をやらない・できない・進まない
運営管理	不動産管理業をしているにもかかわらず、知らなかった都市計画や用途地域
経営法務	請負と準委任契約の意味すら知らずに契約を交していた事実
経営情報システム	情報処理技術者ではあったが、それ以上に知らなかった経営情報という領域
中小企業経営・中小企業政策	起業した後に気がついた！　中小企業のさまざまな支援策、補助金

　読者の方々には、ぜひ診断士の勉強中に 1 次試験の学習内容を活かしてほしい。常々、そう思う。

　経営理念をつくる、中期計画を立てる、財務諸表をつくる、契約書の雛形を用意する、起業後の補助金などの申請を考えておく。これを先にしておくことで、勉強の理解は深まり、起業後もだいぶ楽になるはずである。

（4）診断士の資格を取る前から営業をしておく

　個人事業主でいくか法人化するかの結論が出ていたことは、経営コンサルティング業を進めるにあたり良かったと実感している。図表 5-3-2 に個人事業主と株式会社のメリットとデメリットを、私の所見で比較してみた。参考になれば幸いである。

図表 5-3-2　株式会社と個人事業主の比較（独自所見）

	メリット	デメリット
株式会社	・株式会社を設立する苦労、維持する難しさを経験できること（1次試験の知識としてもかなり役に立った） ・「代表取締役」という見えない絶大な権威があること	・売上がないとあっという間に資金がなくなる不安がある ・事務作業が思ったより多い（社会保険や決算など）こと
個人事業主	・とにかく気軽に設立できること（費用面、自宅OK） ・代表、経営者になった心構えが醸成できること	・思った以上に「取締役」がついてない「代表」というだけ肩書に対する世間の冷たい目 ・無限責任という漠然とした不安

　やはり、先に法人名や屋号があると顧客にもアピールしやすい。独立開業を目指す方は、今のうちに経営コンサルタントになったつもりで法人名や屋号を考えておいていただきたい。この時のワクワク感を、今でも私は忘れられない。

　中小企業診断士養成課程在学中や、基盤である不動産管理業にて売上確保ができている状態で、改めて新規事業として経営コンサルティングの営業ができること、これは大きかった。現在サラリーマンの方々なら、固定収入が入っている今だからこそ、営業ができると考えていただきたい。

　先に起業が済んでいると、銀行口座や契約書類など、定型業務は既にできているため、営業や本業に集中できる。

　「ITできます」、「コンサルできます」ではまったく人は集まらないという事実に先に気づかされたことは、かなりのメリットがあった。私の場合、まず不動産について相談に乗り、そこから、補助金を紹介したり経営の勉強をしているとアピールしたりしたことが、営業につながったと実感している。まさか、診断士の勉強をしているという自己アピールが営業につながるとは、当時は考えてもみなかった。

　同じ方法で行政書士も取る前から営業し、資格取得後すぐに売上を立てることに成功した。売上が先に立つ安心感は絶大である。

　読者の皆さんも、診断士の勉強をしていることを、今からアピールすることを

お勧めする。それが、すでに経営コンサルタントとしての営業になっているのである。

（5）株式会社特有の作業を把握しておく

　法人として独立開業する際、ぜひやっておいてほしいことは、キャッシュフロー計算書の作成である。株式会社を設立したらどのような経費がかかり、毎月どのくらいお金が減っていくのかを、ぜひ、シミュレーションしておいてほしい。通帳の残高が想像以上に減っていくと焦りも出てくる。私は、それをやらなかったというよりは、知らなかったため、夜中に「再来月、現金が足りない！」と飛び起きるはめになったのだ。ためた貯金は売上が立たないと、あっという間に減っていく。売上があっても、入金が月末とは限らない。翌月、翌々月末などもあり得る。そのあたりも、十分頭に入れておいてほしい。

　また、株式会社を設立するとさまざまな業務が発生することも把握しておいたほうがよい。図表 5-3-3 に、私が実際に行った事務作業を整理した。常に自分

図表 5-3-3　最低限実施する株式会社の作業（自社の事例）

時期	作業
期首	決算向け帳簿の整理、税理士先生と相談
決算 1 ヵ月後	法人税の支払い（国、県、市のそれぞれに支払う）
決算 2 ヵ月後	株主総会の実施、総会用の資料作成
6 月あたり	健康保険被扶養者状況リストの提出
半期あたり	半期決算向け帳簿の整理、所得税徴収高納付、被保険者賞与支払届・被保険者報酬月額算定基礎届の提出
期末	期末前決算説明会（管轄税務署にて） 被保険者賞与支払届の提出
年末	年末調整、源泉徴収票の作成
年度末まで	健康診断の実施（予約申し込みから実施まで）
毎月	経費・交通費の精算、給与計算、各種振込み、請求、入金・支払確認、各種台帳の確認など

のやりたいことだけができるわけではなく、顧客の資料作成に追われ、営業する時間が十分とれなくなることも、覚えておいていただきたい。

仮に社員数が少ない株式会社としても、図表5-3-3にあげた事務作業は発生する可能性がある。これでも少ないほうである。なお、中小企業の経営者は常にこれ以上の状況にあると認識しておいていただければ幸いである。

4　資格を活かしてコンサルに キャリアチェンジ

　私は現在、コンサルティング会社に所属し、クライアント企業にコンサルティング・サービスを提供している。ここでは、私が資格を活かしつつ、どのようにキャリアを変化させてきたかを紹介したい。

（1）キャリアチェンジの理由

　キャリアチェンジした理由は、経営コンサルタントとして独立・活躍することで、社会貢献していきたいと考えたためである。**図表 5-4-1** に私のキャリアの推移を示す。

①職種変更を選んだ理由

　学生時代に経営コンサルタントという仕事を知り、コンサルタントとして活躍

図表 5-4-1　キャリアの推移

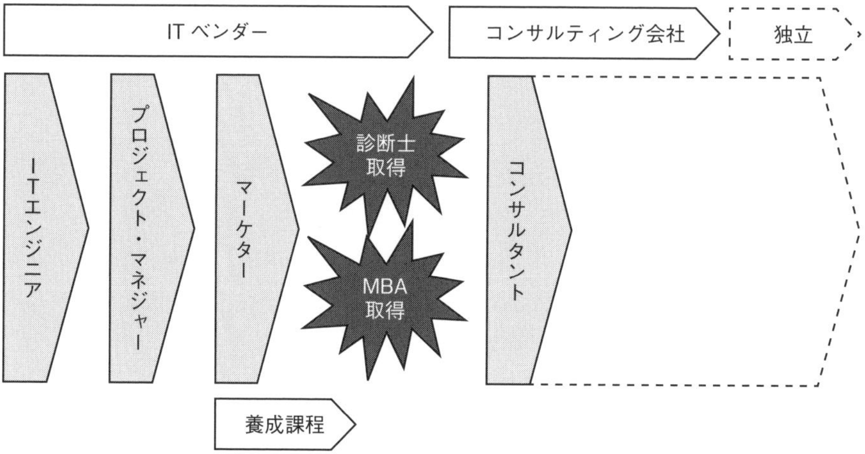

したいと考えたことが、キャリア形成のきっかけである。まず、事業会社で経験を積んだ後に、コンサルタントとして活躍するキャリアを描いたのである。つまり、経営コンサルタントとして活躍するためには、幅広い知識・経験を有していることがプラスに働くと考え、意識的に同一企業内で職種変更を重ねることを選んだのである。

②転職を選んだ理由

ロスト・ジェネレーションど真ん中の私は、就職氷河期に何とかITベンチャー企業に潜り込み、ITエンジニアとしてのキャリアを歩み始めた。1つの企業だけでは幅広い経験が得られないと考え、職種変更だけでなく、意識的に他社に転職することを選んだのである。

③中小企業診断士を選んだ理由

診断士を選んだ理由は、父の姿を見ていたためである。父同様の環境にいる経営者に対して、コンサルティング・サービスを提供していくために、診断士資格を取得することを選んだのである。父から企業経営の難しさや経営者の孤独感、苦悩といったリアルな姿を学ぶことができ、感謝している。

具体的には、高校時代にさかのぼる。父が経営していた会社もバブル崩壊の余波を受け、経営の危機に瀕していた。ある夜、帰宅した私は衝撃的なシーンを目撃した。和室で寝ていた父が、何やらただならぬ寝言を叫び、さらに布団の中で何かと闘っていたシーンを目撃したのである。父は不景気の中、仕事を受注するため孤軍奮闘していたのだと思う。

父はエンジニアからキャリアをはじめており、職人気質の性格である。そんな父が経営者として、従業員のために何とか仕事を受注し、給与を支払うために奔走していたことは想像に難くない。この経験から、孤独感や苦悩を抱えている経営者を支援したいと思うようになり、中小企業支援を行うための知識を補うべく診断士を目指すことにしたのである。

（2）キャリアチェンジの軌跡

　私はこのような理由で、職種変更や転職、資格取得などを行い、キャリアチェンジしてきた。闇雲にキャリアチェンジしてきたのではなく、意図を持ち意識的に行動してきた結果である。その軌跡を詳しく紹介したい。

①ITエンジニアからキャリアスタート

　大学3年生の当時、就職氷河期という状況は理解していたが、何から着手すべきか理解できていなかった。このためOB・OG主催の就職イベントに参加した。そこでは、さまざまな職業・職種についての紹介や複数の企業見学も行われた。大企業や中小企業、個人事業主の仕事、働き方の違いなどを知ることができた。

　また、多くの方に、新卒で社会人経験もない状態でコンサルタントとして働くことは、現実的でないと助言を受けた。このため、ITエンジニアからキャリアを始めたいと考えたのである。経済学部というITとはかけ離れた領域にいたため、就職活動を戦略的に行うことでITベンチャー企業に潜り込み、ITエンジニアとして勤めることになった。

②ITエンジニアとしてのキャリア変化

　ITエンジニアとしてのキャリアは、パッケージ・ソフトウェアを製造・販売するベンダーで、カスタマイズ・サービスを提供することから始まった。

　ITエンジニアとして勤めたのはいいが、順風満帆にはいかなかった。というのは、学生時代にインターネットで検索することやeメールを送受信することくらいしか、ITに触れていなかったためである。仕事としてのITは、プログラミングやシステム設計を行うが、その能力がまったくなかったため、落ちこぼれとしての日々を過ごしていたのである。

　教育体系が整っている大企業であれば企業内で学ぶ機会もあるが、ベンチャー企業では独学でキャッチアップするしかなかった。当時は、残業・休日出勤し放題であったため、仕事のできない私は長時間ITに触れることとなった。そのおかげで徐々にプログラミングや設計スキルを獲得し、気がつくと社内表彰を受賞するほどになっていたのである。

だが、私はしょせん、にわかITエンジニア。社内にはコンピュータ・サイエンスを学んだ同期の親友がいたが、私と彼とでは、実力・経験とも歴然の差があった。つまり、ITエンジニアとして一番になることは難しいと気づき、親友の彼とは異なる方向に舵を切るという判断をすることができたのである。

　このため、次のキャリアへ進むべく役員にアピールすることで、データベースのコンテンツを制作する部門に異動した。ここでは、データベース・コンテンツの制作が主な事業であったが、私はコンテンツ制作の仕組みをつくることが仕事になった。

③ITエンジニアからプロジェクト・マネジャーへ変化

　大手自動車メーカーが運営する新車販売Webコンテンツのプロジェクト・マネジメントを担当することとなり、新たなスキルを身につけるきっかけを得た。このプロジェクトは、メーカーのさまざまな部署、広告代理店、複数のITベンダーが関わり、「動かないコンピュータ」の状態になっていた。当初は品質保証の分野を支援するためプロジェクトに参画したが、最終的にプロジェクト・マネジメント全般を支援することとなったのである。

　このプロジェクトから、多くのステークホルダーと関わり、プロジェクトを推進することの難しさを学んだ。また、経験は実務を通じて得られるが、体系的な知識は得られないことを実感した。よって、PMP（Project Management Professional）の資格取得を通じて、体系的な知識を身につけることにした。

　その後、データベースを活用した新製品開発に関わり、企画から顧客開拓、製品開発、販売まで一連の流れを体験する機会を得た。今でいうダイレクト・マーケティング手法を用いた営業活動で、実際に企画からモノが売れていくさまを一貫して見ることができ、良い経験を得た。

　また業界としては、自動車業界、携帯電話代理店、機械工具商社、旅行代理店などに関わることができた。変わったところでは、データベースの著作権侵害で最高裁まで争ったり、特許取得などに関わったりすることができ、キャリア形成にプラスとなるさまざまな経験ができた。

　振り返ってみると、同期に優れた IT エンジニアがいたことは、幸運であった。自らの強みが活かせる分野を選択し行動することで、他者との差異を獲得することができたのである。一方で、経営コンサルタントとして活躍するために次のキャリアに進むことを望み、本社のマーケティング部門へ異動することにした。

④プロジェクト・マネジャーからマーケターに変化

　前述の IT ベンチャー企業は、いつしか経営者が統制できる企業規模を超え、存続の危機を迎えていた。事業譲渡により外資系ファンド傘下で再建を目指すこととなり、最終的には MBO（経営陣による企業買収）を経て、東証一部に上場するという結果になった。

　企業が変化する中で、私はマーケティングについて、ゼロから学ぶことになった。一度ゼロから学ぶ経験をしていたため、すんなりキャッチアップすることができた。また、IT エンジニアやプロジェクト・マネジャーの経験を活かすことができたのも幸運である。

　新規事業開発では、新たなサービスブランドを立ち上げ、賛同してくださった企業に設備投資の提案や研修提供を行い、資格認定することに関わった。事務局運営の傍ら、認定のための研修講師として、日本中を飛び回った。講師経験は、診断士活動にも活かせるため、幸運である。

　続いて、ビッグデータ分析を利用した新規事業に関わることになった。当該事業は旧来の顧客と異なり、行政、シンクタンク、大手総合商社などがターゲットであり、マーケターとしてさまざまなことに挑戦できた。

　その他に、海外書籍の翻訳版の制作・販売では、企画から校正、出版、配本まで一連の経験ができた。販売先は、損害保険会社の技術アジャスターであり、その道のプロと直接接点を持てたことは大変有意義であった。

　また、コンタクトセンターでも得難い経験を積むことができた。リードジェネレーション（見込客の獲得活動）からナーチャリング（見込客の顧客化）について一連の経験ができただけでなく、インバウンド／アウトバウンドの電話応対ス

キルをキャッチアップすることができた。非対面での応対の難しさを学ぶことができた上、ダイレクト・マーケティングを体感できたことは幸運であった。

⑤マーケターと並行して大学院生に変化

プライベートでは、診断士の養成課程に進むこととした。選択基準は、勤め先から通いやすい場所にあり、平日夜間と休日に講義などが行われる大学院で、MBAも取得できることである。この選択は、都内に勤めていることで得られたメリットの1つである。教授や講師は実践型のスタイルをとり、同級生はさまざまな業種・業界に勤めており、幅広い年齢層の方々との接点は、人脈形成という意味で大変有意義であった。

⑥マーケターからコンサルタントに変化

多くの職種を経験し、ITベンチャーから上場企業へと企業が成長・発展していくプロセスを体験できた。さまざまな事業に携わる機会を通じて、キャリアを重ねることができた。また、大学院を修了し、診断士としての活動が増えるに従い、本格的に経営コンサルタントとして活動したいとの想いが強くなってきた。

そこで転職エージェントを通じて、コンサルティング会社へ転職することにしたのである。自らのキャリアを活かしながら、経営コンサルタントとして独立する際に役立つ経験が得られる企業を選択した。転職先では、はじめに大手製造業に派遣され、RPAプロジェクトのPMOとして支援した。次に、総合電機メーカーで商品企画から開発、販売まで一連の支援を経験している。

転職が成功した理由は、転職エージェントとの良い出合いもあるが、診断士資格を得たことが決め手である。経営知識を有していることの証明であり、ビジネス経験と掛け合わせることの価値を感じていただけたと考えている。

コンサルティング会社に勤めることは、第三者の視点からさまざまな企業に接点を持つ機会を多く得られ、将来独立する際に役立つと考えている。

(3) キャリアデザインと今後の展望

あらためて振り返ると、私のキャリアはITエンジニア、プロジェクト・マネ

ジャー、マーケター、コンサルタントと役割を変えてきた。役割に必要なスキル
は、環境が変わる都度、ゼロから学んできた。私の強みは「変化への対応力」で
ある。今後も学び続けながら、中小企業の経営者を支援していくための知識と経
験を積み重ねていきたい。

　一方で、職種は変化しているが、どの職種においてもクライアントの課題を解
決するという点では変化していない。今後もクライアントに寄り添い、課題の発
見から解決までを一貫して伴走型で支援していきたい。

　自らの今後のキャリア、ならびに今後の活躍が楽しみである。

第 **6** 章

アンケート調査からみる フレッシュ診断士の 実態

合格者の横顔と資格取得後の状況

（1）アンケート調査の対象

　東京都中小企業診断士協会中央支部の「フレッシュ診断士研究会」に所属する会員にアンケートを行い、有効回答を得た 32 名の回答内容を掲載する。内容によっては複数回答もあるため、必ずしも回答総数が 32 にはならない。まずは 32 名の基本データを紹介する。

（2）フレッシュ診断士の素顔

①年齢、性別、住所

　40 代と 50 代を合わせると全体の約 60% を占めているが、最高年齢 74 歳、最少年齢 28 歳と幅広い顔ぶれである（**図表 6-1-1**）。

　男女別でみると女性が 32 名中 3 名しかおらず、約 9 割を男性が占めている

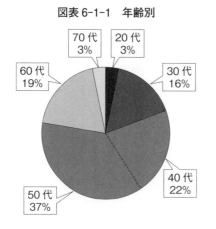

図表 6-1-1　年齢別

70 代 3%　20 代 3%　60 代 19%　30 代 16%　50 代 37%　40 代 22%

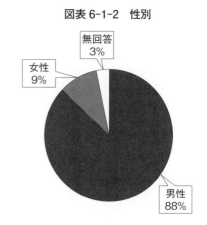

図表 6-1-2　性別

無回答 3%　女性 9%　男性 88%

（図表 6-1-2）。

住所は東京都、神奈川県、千葉県と首都圏近郊の人が大半だが、静岡県から毎回新幹線で駆けつけてくるメンバーも1名いた。

②職種

32名中25名が企業内診断士であり、8割近くを占めている。また企業内診断士25名のうち、約半数の12名は企画職となっている（図表6-1-3）。

図表 6-1-3　職種別

独立：経営コンサルタント	4
独立：会社経営	1
企業内：企画職	12
企業内：営業職	4
企業内：技術職	3
企業内：専門職	1
企業内：事務職	5
未回答	2
計	32

中小企業診断協会のホームページ「データでみる中小企業診断士」では企業内診断士の割合は約6割とされているから、会員の企業内診断士の割合が高いことがわかる。

③資格登録

9名が養成課程、22名が2次試験合格であった。

(3) 活動状況

①診断協会

28名が東京都中小企業診断士協会（以下、「東京協会」）に所属している。うち1名は複数の協会に所属している（図表6-1-4、6-1-5）。

また、東京協会会員28名中18名が中央支部に籍を置いている。これは、当研究会が中央支部所属の研究会であることにも起因すると思われる。

②所属団体

合格後に所属・登録した団体は、診断士協会の部会、役員等が12名と目立つ（図表6-1-6）。

診断士の研究会には半数の16名が3つ以下に所属していると回答している。その一方、最大11の研究会に所属している会員もいた（図表6-1-7）。

図表 6-1-4　所属協会

東京協会	28
神奈川協会	1
千葉協会	1
静岡協会	1
検討中	1
計	32

図表 6-1-5　東京協会の所属支部

中央支部	18
城北支部	2
城西支部	3
城南支部	4
城東支部	1
三多摩支部	0
計	28

図表 6-1-6　合格後の所属・登録団体

受験生支援団体（タキプロ、ふぞろい 等）	2
NPO 団体（創業支援、地域活性化 等）	3
診断士協会の部会、役員等	12
互助団体（プロコンや研究会等から派生したもの）	3
企業団体（外部パートナーとして同業他社に所属）	0
その他	0
なし	1
無回答	16
計	37

図表 6-1-7　所属研究会の数

1つ	3
3つ以下	16
5つ以下	6
6つ以上	6
無回答	1
計	32

図表 6-1-8　マスターコース

マスタコース入会	19
マスタコース非入会	11
無回答	2

　診断協会では、診断士の診断能力のレベルアップなどを目指し、マスターコースを設けている。マスターコースには19名と約6割の会員が参加している（**図表6-1-8**）。

　一方、参加していない会員の理由としては、「仕事・プライベートが忙しい」というものが大半であった。少数意見として、「養成課程でしっかり実践力をつけることができたから」というものもあった。

　東京協会を例にとっても、何十ものマスターコースがある中、同じマスターコースに通う傾向が目立ち、4名が所属しているコースが2つもあった。

③診断士以外の保有資格

　経歴が多岐にわたる会員が多い中、ファイナンシャルプランナー、健康経営アドバイザー、情報処理技術者、ITコーディネータなどの回答が複数あった。

（4）年間収入

　約7割の会員は、診断士としての収入がない状態である（**図表6-1-9**）。さらに詳しくみていくと、250〜480万円の会員はいずれも独立している会員である。

　中小企業診断協会のホームページ「データで見る中小企業診断士」では、100日以上稼働している診断士の収入で最も構成割合が高い年収は650〜800万円だ

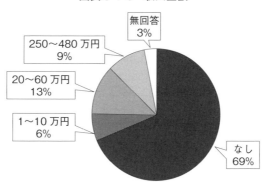

図表 6-1-9　収入金額

無回答 3%
250〜480万円 9%
20〜60万円 13%
1〜10万円 6%
なし 69%

が、駆け出し診断士でそこまで届くもの
はいなかった。

その一方、企業内診断士 26 名中 24 名
と 9 割以上が、将来の独立を希望してい
る（図表 6-1-10）。

独立を希望する理由は、主に次のよう
なものであった。

図表 6-1-10　独立開業

独立	4
企業内（将来独立希望あり）	24
企業内（将来独立希望なし）	2
無回答	2

・今の組織での勤務より独立してからの方が自分を活かせると思った時点で独立
　したい。

・勉強したことをキャリアに活かしたい。

・より創造性のある仕事をしたい。

・長く仕事をしたい。

・自分のセカンドキャリアとして。

・現職の仕事は、ほぼやりつくしたから。

・日本経済発展のため、コアコンピタンスを持っている中小企業を応援したい。

　一方、すでに独立した診断士の、独立のきっかけは次の通りである。

・サラリーマン生活に限界が見えたから。

・やりがいを求めた。

・親の介護との両立。

　これから独立したい人と、既に独立した人の意見は、概ね一致しているのでは
ないかと考える。

（5）活動状況

　半数を超える 17 名が企業内診断士として月 3 日未満の活動であり、診断士と
して活動できていない状況が浮き彫りになった（図表 6-1-11）。その理由とし
て、会社から副業として認められていないこと、本業との両立が難しいこと、時
間に見合った対価が得られないことなどが挙げられている（図表 6-1-12）。

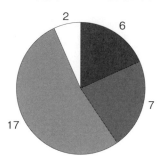

図表 6-1-11　活動日数

- ■ 実務で活動（経営コンサルタントなど）
- ■ 企業内診断士（診断士としての活動を月 3 件以上）
- ■ 企業内診断士（診断士としての活動は月 3 件未満）
- □ 無回答

図表 6-1-12　副業をする上での阻害要因

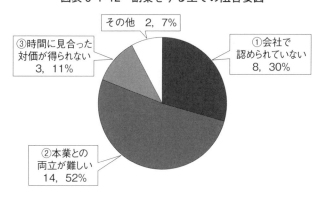

（6）副業を行う上でのアドバイス

　最後に、今後診断士を目指す方へ向け、半歩進んだフレッシュ診断士から、副業を行う上でのアドバイスをいくつか列挙する。

・安定した収入を得るまでには 3 年かかるとのことなので、目指す領域を 1 日も

早く定め準備する。

・紹介いただく方の信用・信頼を得られるように活動することが大切である。

・診断士の学習や経験を活かし、自分の強みや志向を理解すること。

・食わず嫌いをせずに、できる限り挑戦すること。

・会社、家族の理解が必要。自身のスキルが必要。

2　ミーコッシュ手法による年収予測

（1）中小企業診断士としての要素整備度を知る

　ここからは、2019年度フレッシュ診断士研究会のメンバー64名のうち、45名にアンケートを行い、ミーコッシュ手法を用いて分析・集計した結果をご紹介する（**図表6-2-1**には21名分しか表示されていないが、実際は45名の集計をしている）。ミーコッシュ手法の説明をしつつ、フレッシュ診断士たちの年収予測をしてみたい。

　ミーコッシュ手法では、以下のような項目別にインタビューを行い、評価点をつけていく。評価点の基準は、**図表6-2-2**のようになる。

①マインドウェア（あり方・考え方）

・サラリーマン時代の過去の清算：指示待ち人間から能動的な人間への変化がなされているか

・成功への情熱：コンサルタントとしての責任感と、困難を乗り越え業務遂行しようとする情熱を持っているか

・成功への生きざま（理念）：このビジネスを通じて、どうやって社会に貢献するのかという志を持っているか

・指南役としての行動基準：診断士として守るべき行動基準を心得ているか

・戦略ビジョン：自分が成功点に到達する戦略をイメージしているか

②ヒューマンウェア（やり方・スキル）

・技術：開発、生産、物流、販売、情報、財務技術に関する知見を持っているか

・手法：DD（デューデリジェンス：調査）、ソリューション（問題解決案の提示）、運用（問題解決案の運用）、出口（問題点・課題点の解決）についての手法を身につけているか

図表 6-2-1　フレッシュ診断士の要素整備度

ミーコッシュ年収3,000万円可能性整備度分析（Ver.6）アンケート結果　（2019.09.10）

バリュー（大項目）	バリュー（中項目）	平均	1	2	3	4	5	6	7	8	9	10	11	12	13	14	15	16	17	18	19	20	21
1.あり方・考え方（マインドウェア）	サラリーマン時代の過去の清算	12.6	12	16	12	8	8	16	12	16	8	12	16	16	12	8	16	8	8	12	12	12	16
	成功への情熱	11.9	12	12	12	8	4	12	12	16	8	16	16	8	16	12	8	16	8	12	12	8	16
	成功への生き様（理念）	13.9	12	20	16	8	8	12	12	20	16	12	16	16	20	12	16	12	16	8	8	8	12
	指南役としての行動基準	13.8	12	16	12	8	8	12	16	20	8	20	20	12	16	16	16	12	12	16	8	8	12
	戦略ビジョン	10.8	12	12	12	8	8	12	12	12	8	12	16	8	12	12	12	12	4	8	12	4	8
2.やり方・スキル（ヒューマンウェア）	技術（開発・生産・物流・販売・情報・財務管理）	11.6	16	12	16	8	8	16	12	16	8	16	12	12	12	8	12	12	8	8	8	8	8
	手法（DD、ソリューション、運用、出口）	10.0	8	12	8	8	8	16	8	12	4	12	8	8	12	8	12	12	8	12	8	8	8
	指南役スキル	10.0	4	12	12	8	4	16	12	20	4	12	12	8	12	8	8	12	8	8	8	8	8
	研修講演手法	10.4	12	12	8	8	4	12	8	16	4	16	8	16	8	4	12	8	4	8	4	4	8
	調査執筆手法	11.2	8	16	12	8	8	12	12	16	8	12	12	8	12	12	8	8	8	8	8	12	12
3.ルール（約束・掟）（コミュニケーションウェア）	指南役としての掟	13.1	12	16	12	8	8	16	12	20	12	20	16	12	16	12	16	12	16	12	12	8	16
	指南役の立場からの掟	13.9	12	20	12	4	8	16	12	20	12	12	20	12	16	12	16	16	12	16	12	8	12
	ビジネスメール10の掟	16.2	20	20	16	8	8	20	20	20	20	20	20	20	20	16	16	16	16	16	16	8	20
	ファシリテーションルール	10.1	16	4	16	4	4	12	8	16	8	4	16	8	16	16	4	12	4	16	8	4	12
	コーチングルール	12.1	20	12	8	4	4	12	12	20	8	20	20	12	16	12	4	16	8	12	8	8	8
4.知的財産権（ソフトウェア）	調査プログラム	13.5	12	16	16	8	8	16	12	16	12	16	16	12	20	12	12	16	16	16	16	16	20
	執筆プログラム	10.8	8	12	8	8	4	16	12	16	8	12	12	8	16	8	8	16	8	12	8	8	12
	研修プログラム	9.7	12	12	8	8	4	16	8	16	4	12	8	8	16	4	8	8	4	8	4	4	8
	講演プログラム	9.9	16	12	4	8	4	16	8	16	4	12	8	8	16	8	4	12	8	12	8	4	8
	実務支援プログラム	9.7	4	12	8	8	4	16	12	12	8	12	12	8	16	8	4	12	8	16	8	8	12
5.体力・環境（ハードウェア）	体力（健康）	13.5	16	12	12	8	8	12	12	16	8	20	12	16	16	16	16	16	16	16	12	12	20
	事務所の立地環境	10.8	16	16	16	8	4	8	16	12	8	20	20	4	16	12	4	8	8	16	8	8	8
	コンサルタントの7つの道具	11.6	16	12	16	8	4	12	12	16	8	12	16	12	16	16	8	12	8	16	8	8	8
	住まいの立地環境	13.1	16	4	12	12	8	8	16	4	4	20	12	4	16	16	16	8	16	12	8	8	16
	協力者間の環境	9.9	12	16	8	4	12	4	8	12	4	8	12	4	16	16	8	16	8	16	12	8	8
	1.マインドウェア　小計	63.0	60	76	60	40	36	64	64	84	48	68	84	44	76	72	48	76	56	60	52	44	68
	2.ヒューマンウェア　小計	53.0	52	64	60	48	32	68	52	80	28	68	56	52	64	40	48	60	44	48	40	40	44
	3.コミュニケーションウェア　小計	65.0	80	72	64	24	32	76	64	92	56	64	92	64	84	68	40	72	56	72	56	36	68
	4.ソフトウェア　小計	53.0	56	68	44	40	24	80	52	76	36	64	56	44	84	40	32	68	48	64	44	44	60
	5.ハードウェア　小計	58.0	76	60	64	44	28	44	64	60	32	80	60	32	84	76	52	60	56	76	48	44	60
	合計（500満点）	292.0	324	320	292	196	152	332	296	392	200	344	348	236	388	284	220	336	256	312	228	200	296
	年収ランク※	D	C	C	D	E	E	C	D	C	D	C	C	D	C	D	D	D	D	C	D	D	D

※年収ランク　A＝3,000万円以上　B＝2,000～3,000万円　C＝1,000～2,000万円　D＝500～1,000万円　E＝～500万円

・指南役スキル：経営者に対する説得力等を持っているか

・研修・講演手法：研修・講演の進め方を習得しているか

・調査・執筆手法：市場調査・分析や執筆の進め方をマスターしているか

図表 6-2-2　ミーコッシュ評価表と評価点による年収予測

レベル（ランク）	項目評価の基準	点数	合計点	年収の目安
1（E）	評価項目に気付いていないし、努力もされていない	4	～199	～500万円
2（D）	評価項目に気付いているが、努力していない	8	200～299	500～1,000
3（C）	評価項目の改善の計画はされているが、一部しか努力していない	12	300～399	1,000～2,000
4（B）	評価項目の改善の計画はされているが、実行途中である	16	400～449	2,000～3,000
5（A）	評価項目の改善の計画がされ、実現されている	20	450～500	3,000万円～

③コミュニケーションウェア（約束事や掟）

・指南役としての掟：秘密を守る、社員の前で叱責しない、事前相談・事後報告を怠らない等、相手を指南する上でのルールを守っているか

・指南役の立場からの掟：相談相手に対する礼儀作法や社会人としてのルール、約束事等をわきまえているか

・ビジネスメール10の掟：メールには必ず返信する、CC・BCCの使い分け、メール件名は的確にする（件名は「お知らせ」や「ご案内」ではダメである）など、ビジネスメールの送受信に関するルールを身につけているか

・ファシリテーションルール：ファシリテーションの手法を体得しているか

・コーチングルール：コーチングのスキルを実務で応用できるか

④ソフトウェア（知的財産権）

・調査プログラム：民間企業の出店市場調査、マクロによるマーケット調査、特殊な業界における調査等が行えるか

・執筆プログラム：執筆の企画・立案、執筆要領の作成、出版社とのコンタクト、メンバー集め（共同執筆の場合）、校正等のノウハウを持っているか

・研修プログラム：研修企画の立案、研修前の整備度調査、研修の実施、研修後の能力向上評価、次回の研修提案等について、ノウハウを持っているか

・講演プログラム：講演企画、講演アプローチ、講演実施、アフターフォロー等が行えるか

・実施支援プログラム：コンサルティングの実務支援ノウハウを習得しているか

⑤ハードウェア（体力・環境）

・体力（健康）：不規則な生活や運動不足、睡眠不足などで健康を害していないか（「健全なる精神は健全なる身体に宿る」と言われるように、コンサルタントは、常に健康でなければならない）

・事務所の立地環境：それぞれの立場によって異なってくるが、事務所にはある程度立地の良いところが求められる（筆者の経験では、立地の良い場所に事務所を構えた後の報酬は格段に増えた）

・コンサルタントの7つの道具：パソコン・スマホ・スケジュール表・レーザーポインター・筆記用具・印鑑・テンプレート等を持ち、使いこなせるか

・住まいの立地環境：自宅の立地環境は良好か（当初は自宅で開業すべきだと思うが、事務所を持った場合、なるべく自宅との距離は近くした方が良い）

・協力者間の連携：協力者の事務所が近くにあるか、協力者との関係は良好か、協力者のステータスはどうか

（2）要素別のデータ収集と集計

　フレッシュ診断士たちの5つの大項目の評価を集計すると、**図表6-2-3、6-2-4**のようになる。

（3）要素整備度からみる年収の予測

　図表6-2-2をもとにフレッシュ診断士たちの年収を予測・集計すると、**図表6-2-5**のようになる。

（4）年収のランク別からの分析

　年収予測の内訳は、Bランク（2,000万円以上3,000万円未満）が4.4％、Cラ

図表 6-2-3　要素整備度別評価

大項目	平均	最高点	最低点
1. マインドウェア	63	92	32
2. ヒューマンウェア	53	80	20
3. コミュニケーションウェア	65	92	24
4. ソフトウェア	54	80	24
5. ハードウェア	59	92	20
合計	292	408	140
年収ランク	D	B	E

図表 6-2-4　要素整備度別チャート（大項目別集計）

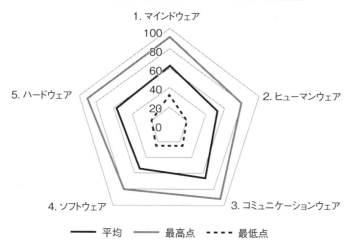

ンク（1,000万円以上2,000万円未満）が42.2%、Dランク（500万円以上1,000万円未満）が44.4%と一番多く、CランクとDランクに集中しており、Eランク（500万円未満）は8.9%となった。

図表 6-2-5　年収ランク別集計人数と比率

年収ランク	人数	比率（%）
A　3,000 万円〜	0	0
B　2,000 〜 3,000 万円	2	4.4
C　1,000 〜 2,000 万円	19	42.2
D　500 〜 1,000 万円	20	44.4
E　〜 500 万円	4	8.9
合計	45	100

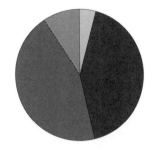

■ B　2,000〜3,000 万円　　■ C　1,000〜2,000 万円
■ D　500〜1,000 万円　　■ E　〜500 万円

（5）今後の課題

　フレッシュ診断士は、まだ、診断士試験に合格して間もない段階なので、今後は実務経験を積むことによって、要素整備度を高めることができる。今後、あらゆる研究会での研修や実務従事の機会をとらえて実務能力を高めていけば、年収3,000 万円への道が開けてこよう。

執筆者略歴

《編著者》

小林勇治（こばやしゆうじ）（はじめに、第6章—2担当）
明治大学専門職大学院グローバルビジネス研究科修了（MBA）。中小企業診断士、ITコーディネータ、日本NCR(株)17年勤務後、IT経営革新コンサルとして独立。2004年から2017年まで早稲田大学ビジネス情報アカデミーCIOコース講師、(株)ミーコッシュ経営研究所所長、元（一社）中小企業診断協会副会長、（一社）日本事業再生士協会理事、2010年から2017年まで東京都経営革新優秀賞審査委員長、日本で一番大切にしたい会社大賞審査員。著書・編著『中小企業の正しいIT構築の進め方』（同友館）ほか163冊。

《著者》

小川貴之（おがわたかゆき）（序章—1、2担当）
2007年早稲田大学教育学部教育学科教育心理学専修卒業。同年日本製紙(株)入社。同社が国内トップシェアを有する新聞用紙の生産・配送計画担当、企業内労働組合の専従役員を歴任し、現在は株主総会や取締役会の運営、株主優待制度の企画、SR活動等、会社法・コーポレートガバナンス関係業務に従事。2019年中小企業診断士登録。

福田大真（ふくだだいしん）（第1章—1、第5章—3担当）
法政大学経営大学院イノベーション・マネジメント専攻（MBA／経営情報修士）、中小企業診断士、行政書士、情報処理技術者（SD）、ITコーディネータ、(株)モコカコンサルティング代表取締役、行政書士福田経営法務事務所代表、プロジェクトマネジメント学会会員。

冨坂明代（とみさかあきよ）（第1章—2担当）
立教大学文学部ドイツ文学科卒業、城西国際大学大学院経営情報学研究科起業マネジメント専攻修了。日本電気(株)(NEC)入社。営業、調達、マーケティングに携わる。2019年中小企業診断士登録。経営学修士（MBA）、ITコーディネータ、事業承継士。東京都の下町出身。

藤本心平（ふじもとしんぺい）（第1章—3担当）

京都大学法学部卒業。1979年(株)日本興業銀行入行。債券部、日本経営システム(株)出向、外国為替部、ニューヨーク支店、コンプライアンス統括部等を経て、百貨店持ち株会社、信販会社、資産運用会社等も経験。2006年中小企業診断士登録。社会保険労務士、証券アナリスト、公認内部監査人、金融コンプライアンスオフィサー1級。

新谷直博（あらやなおひろ）（第1章—4担当）

横浜市出身、青山学院大学経営学部経営学科卒業。日本電気(株)入社。事業譲渡等でレーザーフロントテクノロジーズ(株)、オムロンレーザーフロント(株)を経て、TOWAレーザーフロント(株)勤務。管理会計や生産管理に従事。2018年11月中小企業診断士登録、2級FP技能士。

太田一宏（おおたかずひろ）（第1章—5担当）

東北大学文学部卒業。(株)ブリヂストン入社。国内販売部門をスタートに海外子会社勤務15年などの後、国内販売子会社執行役員、国内小売子会社監査役。2018年10月中小企業診断士登録、第2種安全衛生管理者、品川区ビジネス・カタリスト。京都市出身。

柳澤俊夫（やなぎさわとしお）（第1章—6担当）

早稲田大学大学院電気工学修士修了。(株)東芝に入社し、液晶の研究、開発、設計、事業運営に携わる。(株)東芝を定年退職後、大日本印刷(株)に入社し、光学電子部品担当の理事となる。退職後、中小企業診断士取得。ミシガン大学工学修士（MSE）、日本生産性本部認定経営コンサルタント。

岩田光弘（いわたみつひろ）（第2章—1担当）

静岡産業大学国際情報学部卒業。中小企業診断士。(株)創栄社、(有)東海寝装にてそれぞれ家庭教師派遣、寝具販売に係る営業に携わった後、2013年に岩田光弘中小企業診断士事務所を設立し代表就任。経験を活かした販路開拓を中心としつつ、経営計画策定支援、資金調達支援、創業支援など幅広く支援を行っている。

金城寛人（きんじょうひろと）（第2章―2担当）

青山学院大学大学院会計プロフェッション研究科卒業（会計修士）。Upsolar Japan(株)に入社。事業開発部に従事し、アジア圏の新規事業開発に参画。その後、(株)エルニコで経営コンサルティング事業を推進。新規事業の企画実行、組織の仕組みづくり、インバウンド販路開拓など中小企業の経営課題解決の支援を行う。中小企業診断士。

中谷大輔（なかやだいすけ）（第2章―3担当）

千葉大学文学部史学科卒業。2004年にユーリーグ(株)（現・(株)ハルメク）に入社。シニア女性向け通販雑誌編集職を経て、通販顧客育成のCRM施策に従事。2018年4月(株)ハルメク・エイジマーケティングに転籍。ハルメクの知見を活用し、大手企業のCRM施策の企画、実装までを支援。2019年5月中小企業診断士登録。千葉県船橋市出身。

佐藤和哉（さとうかずや）（第2章―4担当）

関西大学社会学部卒業後、1988年日本電信電話株式会社（NTT）に入社。電話局の窓口担当を経てNTTアドに出向。広告宣伝、プロモーション業務に従事した。2012年にNTTを退職し(株)ケイ・クルーを設立。中小企業のホームページ制作やWebプロモーションを行っている。2019年5月中小企業診断士登録。兵庫県尼崎市出身。

伊藤博久（いとうひろひさ）（第2章―5担当）

福岡県出身、西南学院大学経済学部経済学科卒業。双日九州(株)でリスク管理業務、産業機械の営業を担当して以来、審査畑を中心にさまざまな業務を経験。現在は、日鉄物産(株)にて取引先与信管理や債権保全などを主とした審査業務に従事。2019年4月中小企業診断士登録。与信管理士。

松尾　茂（まつおしげる）（第3章―1担当）

東京都出身、一橋大学商学部経営学科卒業。1981年サントリー(株)入社後、財務部、香港駐在、食品事業部を経てグループ会社5社で管理部門全般を担当。2007年金沢工業大学大学院工学研究科知的創造システム専攻修士課程修了。中小企業診断士、2級知財管理技能士、2級FP技能士。

温　明月（おんめいげつ）（第 3 章—2 担当）

2001 年に中国より来日、早稲田大学商学研究科博士後期課程卒業。商学修士、キャリアカウンセラー。早稲田大学商学学術院助手、ハリウッド大学院大学助教を経て、2014 年よりマンパワーグループ(株)勤務。2019 年 11 月中小企業診断士登録。

山本一臣（やまもとかずおみ）（第 3 章—3、第 4 章—4 担当）

静岡県沼津市出身、東京理科大学大学院工学研究科機械工学専攻修了。1992 年に NTT データ通信(株)(現・(株)NTT データ) 入社。9 年間、決済ネットワークシステムの SE として従事後、経営企画部門に異動。以降は経営を専門とするスタッフに社内キャリアチェンジ。2007 年中小企業診断士登録。勤務のかたわら商店街支援を中心に活動中。

島村康人（しまむらやすひと）（第 3 章—4 担当）

福岡県出身、東京工業大学工学部制御工学科卒業。1985 年キヤノン(株)入社後、キヤノンマーケティングジャパン(株)、キヤノン IT ソリューションズ(株)にて業務系システム開発・運用、事業計画業務に従事。2019 年中小企業診断士登録。情報処理技術者試験委員、IT コーディネータ、情報処理技術者システムアナリスト、同プロジェクトマネージャー。

福田まゆみ（ふくだまゆみ）（第 3 章—5 担当）

東京都出身、2018 年中小企業診断士登録。1993 年(株)システム・サービス・センター（現・スターゼン IT ソリューションズ(株)） 入社。システムエンジニア、プロジェクトマネージャーとして Web システムによる他システム連携や業務効率化に従事。

土佐林義孝（とさばやしよしたか）（第 3 章—6、第 4 章—1 担当）

東京都出身、成蹊大学法学部政治学科卒業。2019 年中小企業診断士登録、東京都中小企業診断士協会（中央支部）正会員。機械の商社(株)守谷商会に入社以来、営業職として機械設備輸出輸入取引、展示会を活用し新規取引先開拓に従事している。

稲林豊太郎 （いなばやしとよたろう）（第 4 章—2 担当）

大阪府出身、関西学院大学商学部卒業。岩谷産業(株)入社。以来、一貫してエネルギー事業に携わり、市場政策、自動検針システム導入等を担当。高圧ガス作業主任者、うちエコ診断士。1979 年中小企業診断士登録、東京都中小企業診断士協会会員、松戸商工会議所会員。経営革新計画申請支援、事業改革・マーケティング支援に注力している。

小犬丸信哉 （こいぬまるのぶや）（第 4 章—3 担当）

大分県出身、横浜国立大学経済学部国際経済学科卒業。(株)イトーキ、ジョンソン・エンド・ジョンソン(株)を経て、2007 年から(株)パソナキャリア（現・(株)パソナ）にて再就職支援、企業の人材確保支援、地方への UIJ ターン推進等に携わる。2015 年中小企業診断士登録。キャリアコンサルティング 2 級技能士、産業カウンセラー。

滝沢典之 （たきざわのりゆき）（第 5 章—1 担当）

同志社大学商学部卒業。(株)東芝本社・工場・米国ボストンの資材調達部門（航空・放送・家電・空調・メディカル）に在籍。1987 年診断士登録。1994 年ボストン支店長。2019 年独立。経済産業省、中小企業庁、東京都、川崎市にて創業・販路開拓、ビジネスマッチング、経営革新計画、働き方改革、事業承継、復興支援など、中小企業支援アドバイザーとして活動中。

福田幸俊 （ふくだゆきとし）（第 5 章—2、第 6 章—1 担当）

成蹊大学法学部政治学科卒業。中小企業診断士、経営革新等支援機関、一級販売士（登録講師）。西華産業(株)にて飲料、製鉄、発電プラントなどの営業に携わった後、2019 年 YF 経営コンサルティングを設立し代表就任。経験を活かした販路開拓を中心に、創業支援、経営計画策定、資金調達、生産管理など幅広く支援を行っている。

髙橋 潤 （たかはしじゅん）（第 5 章—4 担当）

福岡県出身、城西国際大学大学院経営情報学研究科起業マネジメント専攻修了（経営学修士）。中小企業診断士、IT コーディネータ、PMP。(株)ビジョン・コンサルティングにてコンサルティング業務（事業開発、RPA、IoT など）に従事。

2020 年 4 月 10 日　第 1 刷発行

フレッシュ中小企業診断士による
合格・資格活用の秘訣

Ⓒ 編著者　小 林 勇 治

発行者　脇 坂 康 弘

発行所　株式会社　同友館

〒113-0033 東京都文京区本郷 3-38-1
TEL.03（3813）3966
FAX.03（3818）2774
https://www.doyukan.co.jp/

落丁・乱丁本はお取り替えいたします。

三美印刷／松村製本所
Printed in Japan

ISBN 978-4-496-05467-9